Michelle Cox & John Perrodin
Vergiss nie, wer dich liebt

Über die Autoren

Michelle Cox schreibt für verschiedene Zeitschriften der Organisation „Focus on the Family". Sie ist verheiratet, Mutter von drei erwachsenen Kindern und lebt mit ihrem Mann in North Carolina.

John Perrodin ist Chefredakteur der „Christian Writers Guild" sowie Co-Autor zweier Romane und lebt mit seiner Familie in Colorado.

Michelle Cox & John Perrodin

Vergiss nie, wer dich liebt

Wahre Geschichten, die das Herz berühren

Aus dem Amerikanischen
von Antje Balters

GerthMedien

Verlagsgruppe Random House FSC-DEU-0100
Das für dieses Buch verwendete FSC®-zertifizierte Papier *EOS*
lieferte Salzer, St. Pölten.

Die amerikanische Originalausgabe
erschien im Verlag Honor Books®, an imprint of David C. Cook.
4050 Lee Vance View, Colorado Springs, CO 80918, USA,
unter dem Titel „Simple Little Words: What You Say Can Change A Life".
© 2008 by Michelle Cox und John Perrodin
© der deutschen Ausgabe 2012 by Gerth Medien GmbH, Asslar,
in der Verlagsgruppe Random House GmbH, München

Soweit nicht anders angegeben, sind die Bibelstellen
der folgenden Übersetzung entnommen:
„Hoffnung für alle"®, Copyright © 1983, 1996, 2002 by Biblica Inc.™.
Verwendet mit freundlicher Genehmigung des Brunnen Verlags. Alle
weitere Rechte weltweit vorbehalten (Hfa).

1. Auflage 2012
Bestell-Nr. 816434
ISBN 978-3-86591-434-7
Umschlaggestaltung: Immanuel Grapentin
Satz: Marcellini Media GmbH, Wetzlar
Lektorat: Delia Holtus und Ines Weber
Druck und Verarbeitung: CPI Moravia

In Liebe für meinen Mann Paul –
mein Schatz, bester Freund und größter Fan.

Für meine Söhne Jeremy, Tim und Jason –
die Freude meines Lebens.

Für meine Schwiegertöchter Lydia, Laurel
und Kella – ihr seid die Antwort auf meine Gebete.

Und in liebender Erinnerung an Pastor Ralph.
Deine Gebete und ermutigenden Worte haben
mein Herz und mein Leben berührt. Du fehlst mir.
Michelle Cox

Für Sue. Du bist eine wunderbare Mutter,
eine tolle Frau und eine fantastische Freundin.

Für meine Kinder: Tad, Cosette, Quentin,
Carol, Patch, Jenna und Jace. Gott hat mich
reich beschenkt, dass ich euer Papa sein darf.
Ihr seid unendlich kostbare Geschenke.

Für meine Eltern Tom und Helen.
Ich habe euch lieb. Danke, dass ihr mich
all die Jahre immer wieder ermutigt habt.
John Perrodin

„Wie gut ist ein wahres Wort zur rechten Zeit!"

Sprüche 15,23

Inhalt

Vorwort

Wenn ich mich als Kind darüber beschwerte, dass mich jemand gehänselt hat, bekam ich oft zu hören: „Stock und Stein brechen mein Gebein, doch Worte bringen keine Pein."

Inzwischen bin ich erwachsen und weiß, dass das nicht stimmt! Ich kenne die grausame Wahrheit: Stock und Stein mögen mir die Knochen brechen, doch Worte können mir das Herz brechen. Warum würde ich mich sonst so lange an negative Worte erinnern? Wenn ich etwa für eine Arbeit viele positive und nur eine einzige negative Bewertung bekomme, merke ich mir oft nur die eine negative! Geht Ihnen das auch manchmal so?

Als schlaksiger, ungelenker Zwölfjähriger hatte ich große Mühe, mich an meinen Körper zu gewöhnen, der in die Höhe schoss. Einmal wäre ich beinahe auf einer Treppe schlimm gestürzt. Als ich hinfiel, hörte ich hinter mir den Kommentar eines Erwachsenen: „Super Leistung, Hornochse!" Aber ich werde schon darüber hinwegkommen. Es ist ja erst fünfundvierzig Jahre her.

Warum sind echte Komplimente etwas so Kostbares? Weil sie so selten sind. Gehören Sie zu den Menschen, die Mut machen und laut aussprechen, was Menschen von jemand anderem wahrscheinlich nicht zu hören bekommen?

Oft ist das schlichteste Lob das größte. Profisportler reden nicht stundenlang über die Heldentaten und tollen Leistungen anderer Sportler, sondern sie schütteln mit dem Kopf und sagen: „Der kann Fußball spielen."

Als fünfzehnjähriger frischgebackener Sportreporter stand ich gespannt wie ein Flitzebogen dabei, als der Redakteur meinen Artikel las. Keine Fanfaren, kein Trommelwirbel, keine Musik, kein tosender Beifall, keine Umarmung und kein Lächeln. Nur einfach: „Schreiben kannst du." Und am nächsten Tag erschien der Artikel in der Zeitung. Seitdem habe ich nicht wieder aufgehört zu schreiben.

Ich will jemand sein, der solche einfachen kleinen Worte sagt – und nie die Menschen vergessen, die mich geliebt und ermutigt haben!

Jerry B. Jenkins

Einleitung

Worte haben Macht. Sie können anregen, ermutigen und Traurige daran erinnern, dass sie geliebt sind. Oder aber sie können verletzen, herunterziehen und bedrücken. Was wir sagen, kann das Leben eines Menschen von Grund auf verändern. Genau darum geht es in *Vergiss nie, wer dich liebt!*.

Als wir mit der Arbeit an diesem Buch anfingen, haben viele Menschen uns Mut gemacht. Den meisten gefiel die Idee, Geschichten zu sammeln, die aufbauen und ermutigen. Als wir dann jedoch Freunde baten, uns ihre eigenen Geschichten zu diesem Thema zu erzählen, waren wir überwältigt von dem, was wir hörten.

Manchen fiel sofort eine Geschichte ein, die sich ihnen gedanklich und gefühlsmäßig tief eingeprägt hatte. Andere brauchten ein paar Tage Bedenkzeit, bis ihnen etwas in den Sinn kam. Und viele konnten sich an kein einziges Mal erinnern, wo sie durch die Worte eines anderen Menschen ermutigt und aufgebaut worden wären. Leider hatte sich in ihrer Erinnerung nichts Liebevolles eingenistet.

Ich (Michelle) habe als Kind in einem gestörten familiären Umfeld gelebt, das mir wenig Selbstvertrauen oder Selbstwertgefühl mit auf den Weg gab. Doch dann machte die Mutter einer Freundin eine einfache Bemerkung, die mein ganzes Leben veränderte. Zum ersten Mal entdeckte ich etwas Schönes an mir. Dieser Augenblick liegt jetzt fast vierzig Jahre zurück, aber ich erinnere mich noch heute daran, als wäre es gestern gewesen.

Ich arbeite seit über dreißig Jahren mit Teenagern und jungen Erwachsenen. In dieser Zeit habe ich mich bewusst darum bemüht, jedem jungen Menschen, mit dem ich in Kontakt kam, etwas Positives zu sagen. Dabei habe ich beobachtet: Viele junge Menschen blühen auf, wenn sie von ein paar wenigen, sehr einfachen Worten berührt werden.

Ganz Ähnliches ist auch am Arbeitsplatz möglich. Ich (John) bemühe mich immer, das Positive in Menschen zu sehen – selbst bei denen, die bereits den Stempel „schwierig" tragen. Mit behutsamen Worten helfe ich gerade ihnen, ihre Gaben zu entdecken, die schon lange in ihnen schlummern.

Als Autoren dieses Buches ist uns klar, wie wichtig es ist, die Menschen, die uns am nächsten stehen, mit Worten zu ermutigen und zu bestätigen: unsere Ehepartner, Kinder, Enkel und Freunde.

Tauchen Sie ein in *Vergiss nie, wer dich liebt!* und tauchen Sie erfrischt wieder auf. Entdecken Sie, wie entscheidend jedes Wort sein kann – sowohl für Sie selbst als auch für diejenigen, die sich in Hörweite von Ihnen aufhalten.

Die schönsten grünen Augen

Michelle Cox

„Wie goldene Äpfel auf einer silbernen Schale,
so ist ein rechtes Wort zur rechten Zeit."
Sprüche 25,11

*H*ässlich! Das dachte ich jedes Mal, wenn ich mich im Spiegel anschaute. Im „reifen" Alter von elf Jahren war ich von meinem Urteil überzeugt. Und ich hielt mich nicht nur rein äußerlich für hässlich, sondern auch innerlich.

Verschiedene Umstände und Ereignisse in meinem Leben – unter anderem meine gestörten familiären Verhältnisse – hatten dazu beigetragen, dass ich wenig oder eigentlich gar kein Selbstwertgefühl hatte.

Unser Familienleben zerbrach, als sich meine Eltern kurz nach dem Tod meiner Schwester scheiden ließen. Mein Alltag war damals von überwältigender Trauer beherrscht, weil es bei uns zu Hause von da an keinen Spaß und kein Lachen mehr gab. Immer häufiger kam es zu Reibereien zwischen meinen Eltern, die nicht selten in zornigem Streit endeten.

Nach ein paar Monaten packten sie unser gesamtes Hab und Gut zusammen. Mein Vater zog in die eine Stadt und meine Mutter und ich in die andere. Weit weg.

Meine Mutter bekam schwere psychische Probleme. Völlig verängstigt verbrachte ich so manche Nacht irgendwo zusammengekauert in einer Ecke. Denn Mutter schlug mich immer wieder, zertrümmerte Sachen und schrie dabei: „Du bist nichts wert! Aus dir wird nie etwas!" Und weil ich ein Kind war und deshalb alles wörtlich nahm, glaubte ich all die verletzenden Dinge, die sie zu mir sagte. All die Worte, die mein Selbstwertgefühl zerstörten.

Deshalb sah ich nur Hässliches, wenn ich in den Spiegel schaute – abstoßend und wertlos – so sah und fühlte ich mich.

Aber dann passierte etwas, das meine Sicht vom Leben ein für alle Mal veränderte.

Unsere Lehrerin hatte einen Tagesausflug mit der Klasse geplant. An einem perfekten Frühlingstag mit strahlendem Sonnenschein war es so weit. Ein paar Mütter hatten sich bereit erklärt, den Transport der Kinder in ihren Privatautos zu übernehmen. Als die Kinder auf die Autos verteilt wurden, landete ich im Kleinbus von Frau Fincannon. Ich saß vorne direkt neben ihr. Es dauerte ein Weilchen, bis alle ihr Gepäck und den Proviant verstaut hatten. Während wir darauf warteten, dass alle ihre Plätze im Auto einnahmen, sah Frau Fincannon mich lächelnd an. Plötzlich sagte sie: „Hast du schöne Augen! Ich glaube, du hast die schönsten grünen Augen, die ich jemals gesehen habe."

Ich bin sicher, dass das nur eine beiläufige Bemerkung war, die Frau Fincannon wahrscheinlich längst vergessen hat. Aber diese einfachen kleinen Worte, die sie damals zu mir sagte, haben mein ganzes Leben verändert. Ich bin sicher, dass ihr selbst nicht bewusst war, wie gewaltig die Auswirkung dieser Worte auf mich sein würde. Doch damals war ich ein Kind, das diese Bestätigung dringend brauchte. Und heute, vierzig Jahre später, sind ihre Worte noch so klar in meinem Herzen und so lebendig in meiner Erinnerung, als hätte ich sie erst gestern gehört.

Zum ersten Mal entdeckte ein Kind, das seelisch böse zugerichtet und verletzt worden war, etwas Schönes an sich selbst. *Vielleicht – nur ganz vielleicht*, dachte ich, *bin ich doch nicht so hässlich. Vielleicht bin ich doch nicht wertlos.*

Das war ein Wendepunkt in meinem Leben. Diese Worte haben mich so berührt, dass sie mich bis heute prägen. Inzwischen arbeite ich seit dreißig Jahren mit Jugendlichen aus problematischen Familien und versuche, verletzte Kinder innerlich wieder aufzurichten. Dabei sage ich immer wieder etwas Positives zu ihnen und mache ihnen ein ernst gemeintes Kompliment. Oft erlebe ich, wie sie danach richtig aufblühen und zum ersten Mal etwas Schönes an sich selbst entdecken.

Wenn ich an das denke, was ich vor vielen Jahren von Frau Fincannon gelernt habe, muss ich lächeln: Einfache kleine Worte berühren unser Herz und können ein ganzes Leben verändern.

Worte – so harmlos und machtlos sie an ihrem Platz im Wörterbuch auch scheinen mögen – wie machtvoll zum Guten oder zum Bösen können sie in den Händen derer werden, die wissen, wie man sie zusammenstellt.

Nathaniel Hawthorne

Lieber Gott,

bitte hilf mir, niemals Worte zu sagen, die anderen Schaden zufügen könnten. Hilf mir, für die Menschen, denen ich begegne, eine Ermutigung zu sein, indem ich deine Liebe und Barmherzigkeit weitergebe. Bitte erinnere mich daran, dass meine Worte im Leben anderer etwas verändern können.

Amen.

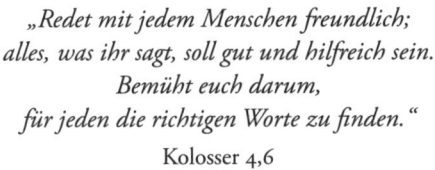

Wie ein Vater

Dennis E. Hensley

„Redet mit jedem Menschen freundlich;
alles, was ihr sagt, soll gut und hilfreich sein.
Bemüht euch darum,
für jeden die richtigen Worte zu finden."
Kolosser 4,6

Ich traf ihn in einem Kurs über Weltliteratur. Er sah aus wie ein Bodyguard. Sein Hals wirkte wie ein Baumstamm. Sein Kopf war kahl rasiert wie eine Billardkugel, sein Rücken hätte jeden Atlas beschämt und seine Bizeps machten Meister Propper aus der Werbung Konkurrenz. Kurz: Der Kerl war ein Kraftpaket.

Als sein Professor wusste ich, dass er im dritten Studienjahr war und Grundschullehrer werden wollte. Doch das hätte wohl kaum einer auf den ersten Blick vermutet. Sean wäre eher als Sportlehrer durchgegangen. Denn er hatte Spaß am Sport und brachte hervorragende Leistungen im Gewichtheben sowie in allen möglichen Leichtathletikdisziplinen, besonders beim Diskus- und Hammerwerfen.

Literatur war allerdings nicht so sein Ding. Mir war recht schnell klar, dass es vergebene Liebesmüh sein würde, ihn zu einem Fan hoher Literatur zu machen. Deshalb modifizierte ich Seans Leseliste so, dass auch Seeabenteuer und Krimis dabei waren. Einmal in der Woche trafen wir uns in meinem Büro zu einem Seminar, um über die Bücher und Geschichten zu sprechen, die er gelesen hatte. Immer wieder lobte ich seine Fähigkeit, Symbole, Bilder, Rückblenden und andere literarische Techniken und Stilmittel in den Texten zu erkennen, über die ich im Kurs gesprochen hatte.

Im Laufe des Semesters verbesserten sich Seans Noten nach und nach. Er war mit einer Drei Minus gestartet und hatte es mittlerweile auf eine glatte Zwei geschafft. Als ich den Studenten des Kurses dann zeigte, wie man Literaturanalyse ganz praktisch nutzen kann, um Filme und Theaterstücke besser zu verstehen und mehr davon zu haben, wurde es ihnen immer wichtiger, wirklich regelmäßig am Kurs teilzunehmen. Sean setzte sich jetzt immer in die erste Reihe und machte sich viele Notizen. Ich lobte ihn weiterhin für seinen Einsatz und seine Sorgfalt.

Als ich dann eines Tages Hausarbeiten benotete, war ich begeistert, dass ich Sean eine glatte Eins für eine Ausarbeitung über eine Kurzgeschichte geben konnte. Unter die Arbeit schrieb ich noch die Anmerkung: „Das ist eine hervorragende Arbeit, mein Junge. Ich gratuliere Ihnen. Sie haben hart gearbeitet und es hat sich gelohnt. Gut gemacht!"

Beim Zurückgeben der Arbeiten sah ich, wie Sean übers ganze Gesicht strahlte, als er die Eins entdeckte. Seine ganze Haltung veränderte sich jedoch, als er umblätterte und meine persönliche Anmerkung entdeckte. Er sah zu Boden und vermied den Rest der Stunde jeglichen Blickkontakt mit mir. Am Ende der Veranstaltung verließ er sofort den Hörsaal. Ich war ziemlich irritiert über sein Verhalten – bis zum übernächsten Tag.

Als ich während meiner Sprechstunde im Büro einmal aufblickte, sah ich Sean in der Türöffnung stehen, die durch seinen robusten Körper fast vollständig ausgefüllt war.

„Kann ich kurz reinkommen, Dr. Hensley?", fragte er mich.

Ich deutete auf einen Stuhl, und er schloss die Tür hinter sich. Ich sah, dass er die benotete Arbeit in der Hand hielt.

„Also", fing er an, doch seine Stimme stockte gleich wieder. Er schaute zu Boden, und plötzlich wurde mir klar, dass dieser Hüne von einem Kerl tatsächlich weinte. Ich war völlig verblüfft und ließ ihm einen Moment Zeit, damit er sich wieder fassen konnte.

„Sie kennen meine Familie nicht", sagte er.

Ich schwieg, während er ein Taschentuch aus der Hosentasche zog und sich die Tränen abwischte.

„Mein Vater hat meine Mutter verlassen, als ich sieben war", berichtete Sean mit leiser Stimme. „Irgendwie hatte ich das Gefühl, dass es meine Schuld war, und ich glaubte, wenn ich einfach ein besserer Sohn sein könnte, dann würde mein Vater zurückkommen und wieder bei uns wohnen, und alles würde wieder gut werden."

Er machte eine Pause und fügte hinzu: „Also habe ich so ziemlich jede Sportart mitgemacht, die in der Schule angeboten wurde, und auch in den Sommerferien habe ich alle Sportangebote mitgenommen, die es gab. Ich dachte: Wenn ich nur genug Tore schieße, genügend Körbe werfe, schnell genug laufe, dann wird mein Vater stolz auf mich sein und zurückkommen."

„Und – hat es funktioniert?", fragte ich vorsichtig nach.

Sean schüttelte den Kopf. „Mein Vater ist in den zehn Jahren, in denen ich so viel Sport gemacht habe, nur zu drei meiner Spiele gekommen. Für ihn war das nichts Besonderes. Ich habe alles getan und mein Bestes gegeben, um ihn zu beeindrucken, aber ich hatte immer das Gefühl, versagt zu haben. Ich habe jetzt schon seit zwei Jahren nichts mehr von ihm gehört, und daran wird sich wahrscheinlich auch nichts ändern. Eigentlich hatte ich gedacht, dass es mir auch egal wäre, bis ..."

Ich beugte mich ein ganz klein wenig vor. „Bis wann, Sean?"

„Bis Sie mir vorgestern die Arbeit zurückgegeben haben", sagte er und sah mich dabei jetzt direkt an. „Sie haben mich gelobt ... und Sie haben mich *mein Junge* genannt. Sie haben das vielleicht nur als Bezeichnung von einem älteren für einen jüngeren Mann gesehen. Aber mich hat es getroffen wie der Blitz. In dem Augenblick ist mir nämlich klar geworden, dass ich mir mein ganzes Leben lang einen Mann gewünscht habe, zu dem ich aufblicken kann, der mir sagt, dass er stolz auf mich ist und der mich *mein Junge* nennt. Sie haben ja keine Ahnung, wie viel mir Ihre Anmerkung auf meiner Arbeit bedeutet. Ich habe vor, sie bis an mein Lebensende aufzubewahren."

Wieder musste Sean sich die Tränen abwischen.

„Ich bin hergekommen, um Ihnen etwas zu sagen, Dr. Hensley. Ich möchte Ihnen mitteilen, dass ich von jetzt an mein Leben – bei allem, was ich tue – so führen möchte, dass Sie immer so stolz auf mich sein können, dass Sie mich *mein Junge* nennen. Ich werde Sie nie enttäuschen, das verspreche ich Ihnen. Sie haben mir etwas gegeben, wonach ich mich mein ganzes Leben gesehnt habe, und das möchte ich bewahren."

Er stand auf, und ich ebenfalls. Ich reichte ihm die Hand, drückte ihn in einer „Männerumarmung" kurz an mich und gab ihm abschließend einen aufmunternden Klaps auf die Schulter.

„Sie sind ein feiner junger Mann, Sean", sagte ich. „Ich bin sicher, dass ich immer stolz auf Sie sein kann bei allem, was Sie in Ihrem Leben noch tun werden."

Ein Jahr später schloss Sean sein Studium ab und wurde Grundschullehrer. Er arbeitet seitdem in einer der schlimmsten Brennpunktschulen in Indianapolis. Die meisten seiner Schüler kommen aus Familien mit nur einem Elternteil und leben unter der Armutsgrenze. Für viele von ihnen ist Sean zum Ersatzvater geworden. Oft fährt er mit seinem alten Bus in die Wohnsiedlungen und Ghettos, um dort Kinder und Jugendliche einzusammeln und mit ihnen zu Sportveranstaltungen, ins Kino oder zu Ferienbibelcamps zu fahren. Zu den Jungs sagt er immer „mein Junge" und zu den Mädchen „mein Mädel", und das gefällt ihnen.

Damals ahnte ich nicht, was ich mit den einfachen Worten „mein Junge" auslösen würde. Inzwischen hat Sean das Leben Hunderter vaterloser Kinder verändert.

Ja, ein Wort der Ermutigung kann die ganze Welt verändern.

Die Hoffnung ist immer da, immer lebendig, aber nur unser intensives Interesse kann daraus ein Feuer entfachen, das die Welt erwärmt.

Susan Cooper

Lieber Gott,

schick mir heute jemanden über den Weg, der es dringend nötig hat, zu hören, dass sich jemand für ihn interessiert und sich um ihn kümmert. Bitte gib mir die richtigen Worte, um diesem Menschen Mut zu machen und dadurch sein Leben zu verändern. Danke für die Menschen, die in mich investiert haben, indem sie mir positive Worte der Hoffnung, des Trostes und der Inspiration mit auf den Weg gegeben haben, als ich es brauchte.

Amen.

Der ruppige Professor

Karen Kingsbury

„Alles kann ich durch Christus,
der mir Kraft und Stärke gibt."
Philipper 4,13

Ich hatte beschlossen, das Schreiben aufzugeben.

Dabei hatte ich bisher ständig geschrieben: von Geschichten über Zeitungsartikel bis hin zu Gedichten. Ich schrieb für die Schülerzeitung und eine Zeitschrift über kreatives Schreiben. Ich führte Tagebuch und in meiner Freizeit kritzelte ich Zettel mit Gedichten voll.

Als ich dann mein Studium begann, hatte ich eigentlich vor, mich intensiver mit Journalismus zu befassen und mehr zu schreiben. Aber dann machte mein Freund mit mir Schluss und ich verbrachte mehr Zeit am Strand als in Vorlesungen, um über das Aus der Beziehung hinwegzukommen. Am Ende des Jahres bekam ich eine Abmahnung und mir wurde eine letzte Bewährungsfrist eingeräumt.

Der Sommer nach dem ersten Studienjahr war eine Zeit, in der ich mich intensiv mit mir selbst auseinandersetzte. Schließlich – aus Gründen, an die ich mich gar nicht mehr so genau erinnern kann – traf ich eine Entscheidung: Ich würde auf eine kleine Universität in meinem Heimatort wechseln und mit dem Studieren Ernst machen. Als Fachrichtung wählte ich Jura, um irgendwann als Anwältin zu arbeiten. Ich wollte also etwas Neues und völlig anderes tun. Im Herbst belegte ich aber dennoch in meinem ersten Semester Journalismus, und zwar mit dem Hintergedanken, mir dadurch auf leichte Weise eine Eins zu verschaffen.

Die ersten Aufgaben, die wir in dem Kurs bekamen, waren nicht besonders aufwendig und zeitintensiv. Aber dann mussten wir eine Reportage schreiben über eine Familie, deren Haus durch ein Feuer völlig zerstört worden war. Ich schrieb schrecklich gern Reportagen und war rundum glücklich und zufrieden mit meiner Geschichte, als ich sie am nächsten Tag abgab.

Ein paar Tage später gab der Professor – Robert Scheibel – alle hundert Geschichten, die von den Studenten des Kurses eingereicht worden waren, wieder zurück – alle außer meiner. Am Ende der Vorlesung rief er mich nach vorn. Ich hatte keine Ahnung, was ich falsch gemacht haben könnte oder warum ich schon so früh im Semester seine Aufmerksamkeit auf mich gezogen hatte.

Ziemlich beklommen ging ich nach vorn zu seinem Pult.

„Zwei Dinge", sagte er. Er war ein älterer Mann, ein erfahrener Journalist mit ruppigem Umgangston und scharfer Zunge.

Ich schluckte. „Ja?"

„Erstens: Sie werden niemals aufhören zu schreiben." Diese Worte aus seinem Mund erfüllten den Raum und duldeten keinen Widerspruch. Zum einen wegen der Art, wie er sie aussprach und zum anderen, weil ich tief in meinem Innern wusste, dass es wirklich so war.

Professor Scheibel wartete, um sicherzugehen, dass seine Worte ihr Ziel erreicht hatten. Dann holte er langsam Luft. „Zweitens:

Sie kommen morgen früh um acht Uhr in mein Büro. Sie gehören ab sofort zur Redaktion der Studentenzeitung."

Gott hatte in seiner grenzenlosen Weisheit mir genau zum richtigen Zeitpunkt Professor Scheibel über den Weg geschickt. Ich tat, was er sagte, und gehörte von da an zum Redaktionsteam der Studentenzeitung *Pierce College Round Up*. Später in demselben Semester nahm ich an einem Journalistenwettbewerb teil und gewann den ersten Preis in der Sparte Reportage. So begann meine Karriere …

Mittlerweile habe ich über 50 Romane geschrieben – mehr als 20 Millionen Exemplare wurden weltweit verkauft. Und alles begann damit, dass mir ein ruppiger Professor sagte: „Sie hören nie auf zu schreiben!"

Weise Worte können eine Seele durchdringen
und ein ganzes Leben verändern.
Michelle Cox

Lieber Gott,
mach mich offen und sensibel für deine Führung.
Öffne mir die Augen, damit ich deinen Plan
für mein Leben sehe.
Wenn du Türen für mich öffnest,
gib mir die Bereitschaf hindurchzugehen.
Aber mehr als alles andere wünsche ich mir,
dass du am Ende meines Lebensweges
Zu mir sagst: „Gut gemacht."
Amen.

Walt Disney und der kleine Junge

McNair Wilson mit Michelle Cox

„Denn ich allein weiß, was ich mit euch vorhabe:
Ich, der Herr, werde euch Frieden schenken
und euch aus dem Leid befreien.
Ich gebe euch wieder Zukunft und Hoffnung."
Jeremia 29,11

Die meisten erwachsenen Männer tragen keinen Kasten mit Buntstiften in ihrem Aktenkoffer mit sich herum. Für McNair Wilson ist das jedoch das Normalste der Welt, so normal wie das Atmen. McNair ist – nun ja, er ist eben anders. Wo die meisten Menschen die Welt in beruhigenden Grün-, Braun- und Blautönen sehen, explodiert McNairs Welt in knalligem Rot, Lila und Gelb.

Fragt man McNair, wie er als Kind war, dann antwortet er: „Genauso, wie Sie mich jetzt vor sich sehen." Und wenn man ein Weilchen mit ihm zusammen war, ist einem rasch klar: Äußerlich sieht er wie ein Mann aus. Aber sein Herz und seine Seele sprühen immer noch vor Begeisterung, wie ein Kind, das sich auf jedes Abenteuer und alles Neue freut.

Als Kind war McNair ein Träumer. Dass er etwas „anders als alle anderen" war, fiel schon ziemlich früh auf. Er war ein Kind, das sein Aquarium jedes Mal, wenn er es reinigen musste, auch neu einrichtete. Manchmal waren die Steine und das Unterwasserschloss auf der linken Seite, manchmal auf der rechten und manchmal standen sie auch auf dem Kopf.

Auch sein Zimmer sah anders aus als das anderer Kinder. Er erzählt: „Mein Bett habe ich an das eine Ende des Zimmers geschoben und dann eine kunterbunte Trennwand davorgestellt, sodass man es nicht sehen konnte. Der Rest meines Zimmers war mein Büro mit einem Wartebereich. Ich hatte ein Gästebuch, in das sich jeder, der mich besuchte, eintragen musste", bemerkt er nebenbei, so als hätte jeder Junge ein Gästebuch in seinem Schlafzimmer-Büro.

McNairs Vater war Reservist der Marine. In einem Jahr war Walt Disney der Grand Marshall der Rosenparade, die jedes Jahr am 1. Januar in Pasadena, Kalifornien, stattfindet. Dabei organisierte die Marine auch eine Veranstaltung für die Kinder der Reservisten, bei der sie auch Walt Disney treffen und ein Autogramm von ihm bekommen konnten.

Als Walt Disney eintraf, bediente er sich erst einmal ausgiebig am Büffet, um dann die Autogrammstunde abzuhalten. Jemand meinte, dass Herr Disney doch einen Stuhl bräuchte! McNair erklärte sich sofort bereit, sich darum zu kümmern. Doch als er den Stuhl über den gebohnerten Parkettboden schob, rutschte er aus! Dabei ließ er den Stuhl los, der auf dem glatten Boden weiterrutschte und Walt Disney am Schienbein traf. Dieser stieß daraufhin einen kurzen, aber heftigen Schmerzenslaut aus.

McNair war die ganze Sache so peinlich, dass er sich mit hochrotem Kopf in den hintersten Winkel des Raumes verkroch und sich wünschte, der Erdboden täte sich unter ihm auf. Schon wenig später leerte sich der Raum und McNair traute sich, aufzublicken, wenn auch immer noch mit scham-rotem Gesicht. „Es tut mir leid, dass ich Sie mit dem Stuhl getroffen habe."

„Ach, das ist doch gar nicht so schlimm", sagte Walt Disney. „Komm mal her zu mir."

McNair griff nach seinem Skizzenbuch und lief quer durch den Raum.

Walt Disney fragte: „Wie heißt du denn?"

„McNair Wilson, Sir."

„Was hast du denn da?"

„Das ist mein Skizzenbuch, Mr Disney."

„Würdest du mir mal zeigen, was du da gezeichnet hast?"

Dann blätterte Disney das Buch mit den farbenfrohen Zeichnungen durch. „Die sind großartig, McNair. Soll ich dir dein Skizzenheft signieren?"

Und schon zierte die Unterschrift von Walt Disney die schlichten Seiten des Buches.

„Und, McNair, was magst du denn gern?"

„Ich mag Modelleisenbahnen, Mr Disney."

„Ja, die hab ich auch gern."

Und dann saßen der berühmte Mann und der kleine Junge eine ganze Weile beisammen und unterhielten sich über Modelleisenbahnen.

„Ich mag zwar Züge, Mr Disney, aber *eigentlich* möchte ich Bauwerke bauen."

„Hast du denn einen Baukasten, dass du dir selbst welche ausdenken kannst?"

„Oh ja, ich baue immer meine eigenen. Wissen Sie, so wie dieser Claude in *The Wonderful World of Disney*."

„Du meinst Claude Coats? Der entwirft und baut Kulissen und Hintergrundbilder. Er ist einer meiner Designer. Hast du von denen schon mal etwas gehört? Sie entwerfen und bauen auch Hotels und Einkaufszentren in unseren Vergnügungsparks. Sogar die Landschaften dort sind von ihnen entworfen worden."

Walt Disney lächelte den staunenden Jungen an.

„Was möchtest du denn einmal werden, wenn du groß bist?"

Und mit großen, staunenden Augen antwortete der kleine Junge: „Ich möchte auch so ein Designer werden."

Walt Disney beugte sich vor, tippte dem Jungen mit Nachdruck mit dem Zeigefinger auf die Schulter und sagte: „Und das wirst du auch!"

Mit diesen einfachen Worten wurde ein Traum in den fruchtbaren Boden des Herzens und der Fantasie eines kleinen Jungen gesät.

Viele Eltern hätten diesen Traum wahrscheinlich belächelt und ihr Kind ermuntert, etwas Anständiges zu lernen, etwas Normaleres, Realistischeres. Aber das taten McNairs Eltern nicht. Sie hegten und pflegten seinen Traum und begossen ihn jeden Tag mit Ermutigung und Bestätigung.

Eines Tages fragte ihn seine Mutter: „Warum schreibst du nicht mal an diesen Claude?" Und die zarten Keime der Hoffnung wuchsen, während ein Junge seinen Traum hegte, einmal Designer für Disneys Themenparks zu werden.

Etwas mehr als zwanzig Jahre später explodierten diese sorgfältig gehegten und gepflegten Sehnsüchte zu einem farbenprächtigen Garten der Realität, als McNair seinen Job als Themenparkdesigner bei Disney antrat. In den folgenden zehn Jahren lebte er seine Träume aus, indem er fantasievolle Vergnügungsparks entwarf und baute.

Heute ist McNair Kreativitätstrainer für Manager, Referent auf großen Kongressen, Schauspieler und Buchautor. Er macht andern Mut, ihre – und Gottes – Träume für ihr Leben zu wagen. Denn selbst das, was unmöglich scheint, kann geschehen.

Lieber Gott,
öffne mir die Augen für deinen Plan für mein Leben. Lass mich für dich große Träume leben und darauf vertrauen, dass du mich mit allem ausrüstest, was ich brauche. Und gib mir Worte, andere dabei zu ermutigen, wenn sie nach den Träumen für ihr Leben suchen.
Amen.

Die Top 10 Sätze, die wir uns
von unseren Eltern gewünscht hätten:

Ich hab dich lieb.
Du schaffst das.
Ich bin stolz auf dich.
Ich bin so froh, dass Gott dich mir geschenkt hat.
Du bist wertvoll.
Ich hatte unrecht.
Es tut mir leid.
Ich bin begeistert, dass du einen so tollen Mann/
eine so tolle Frau heiratest.
Ich bin gern mit dir zusammen,
und es macht Spaß, mit dir zu reden.
Du bist ein Segen für jeden, der dich kennt.

Sarahs Traum

John Perrodin

„Ich lasse dich nicht im Stich,
nie wende ich mich von dir ab."

Josua 1,5

Jahrelang hatte Sarah sich große Mühe gegeben, ihre tempe-
ramentvolle kleine Tochter allein zu erziehen. Weil sie nicht
verheiratet war, bekam sie keinerlei Unterstützung vom Vater
des Kindes, weder finanziell noch praktisch. Und nach dem,
wie er sie behandelt hatte, als er von Sarahs Schwangerschaft
erfuhr, wollte sie auch nichts mehr mit ihm zu tun haben.

Doch obwohl Sarah nicht die Liebe und Unterstützung
eines Ehemanns bekam, hatte sie getan, was sie konnte, um
ihrer kleinen Tochter ein schönes und glückliches Zuhause zu
geben. Und die kleine Gabi war die Freude ihres Lebens. Ihr
strahlendes Gesicht mit dem süßen Lächeln war der Sonnenschein in Sarahs Alltag.

In den vergangenen Jahren hatte es hin und wieder auch
schmerzliche Momente gegeben, weil Gabi inzwischen alt
genug war, um zu merken, dass andere Kinder einen Vater
hatten, der mit ihnen spielte, aber sie nicht. Sarah erinnerte
sich an eine Situation auf dem Spielplatz, als Gabi beobachtet

hatte, wie der Vater ihrer Freundin seine kleine Tochter auf der Schaukel angeschubst hatte. Beide hatten laut gelacht, als die Kleine quietschte: „Höher, Papa, höher!"

Gabi hatte zwar nichts gesagt, aber Sarah hatte ihren wehmütigen Gesichtsausdruck sehr wohl bemerkt. Und es hatte ihr innerlich einen Stich versetzt, weil sie diese Situation nicht ändern konnte.

Doch sie hatte für sich und ihre Tochter immer Träume gehabt. Zum Beispiel träumte sie davon, dass eines Tages ein Mann sie von ganzem Herzen lieben würde. Für ihre Tochter hatte sie die Hoffnung, dass eines Tages ein Mann Gabi so lieben würde, wie ein Vater sein Kind. Irgendwann war dieser Tag tatsächlich gekommen, und in einer Stunde würden Sarah und Roger sich das Jawort geben, durch das sie ein Leben lang miteinander verbunden sein würden.

„Heute ist unser ganz besonderer Tag, Gabi", sagte Sarah lächelnd. „Für uns alle drei!"

Gabi kuschelte sich auf ihren Schoß. Plötzlich fiel ein Tropfen auf Sarahs Hand. Ihr Herz zog sich zusammen, als sie sah, dass Gabi weinte.

„Was ist denn los, mein Schatz?"

„Hat er … mich denn auch lieb?", brachte Gabi schluchzend und mit angstvoller Stimme heraus.

„Aber natürlich, Schätzchen. Wie sollte er dich denn nicht lieb haben?"

„Mein echter Papa wollte mich ja auch nicht haben." Und dann stürzten die Worte nur so aus ihr heraus. „Er ruft nie an oder besucht mich oder schreibt mir eine Karte zum Geburtstag. Ich weiß noch nicht mal, wo er wohnt!"

„Ach Gabi, das tut mir alles so leid. Aber ab jetzt wird alles anders. Roger hat dich lieb. Du wirst sehen." Dann drückte sie ihre Tochter fest an sich und wischte ihr die Tränen ab. „Heute ist ein Glückstag für uns – der erste von vielen glücklichen Tagen!"

Sarah trug ein weißes, perlenbesetztes Kleid mit Spitzen. Auch Gabi trug ein weißes Kleid, doch auf ihrem waren auch große pinkfarbene Rosen, die zu den Blumen in ihrem kleinen Strauß passten.

Sarah hatte Schmetterlinge im Bauch, als die ersten Töne des Hochzeitsmarsches in der Kirche erklangen. Aus dem Augenwinkel sah sie, wie eine Reihe von Freundinnen aufstand, um einen Blick auf sie zu erhaschen, auf die Braut und die kleine Gabi mit ihrem Sträußchen aus weißen und pinkfarbenen Rosen. Sarah hatte eigentlich nicht weinen wollen, aber jetzt konnte sie nicht anders.

Der Mittelgang der Kirche vom Eingangsportal bis zum Altar war der längste Weg ihres Lebens. Sie dachte an all die Gebete in der Nacht, leere Vorratsschränke, Überstunden bis spät abends und wie sie dann noch Gabi zerlesene Kinderbücher aus der Bücherei vorgelesen hatte. Der steile Weg hatte manchmal auch seine Tücken gehabt, aber dann war Roger in ihr Leben getreten. Sie hatte nie auch nur den Hauch eines Zweifels daran gehabt, dass der Mann, den Gott ihr geschenkt hatte, die Antwort auf ihre Gebete war.

Sarah strahlte vor Freude, als sie vorn am Altar Roger stehen sah, der dort auf sie wartete – auf sie beide. Er sah so gut aus in seinem schwarzen Smoking, und einmal mehr dankte sie Gott dafür, dass sie den Mann ihrer Träume jetzt gleich heiraten würde.

Als sie und Gabi den Altar erreichten, trat Roger vor und Sarah dachte, dass er nun ihre Hand nehmen und sich neben sie stellen würde. Aber stattdessen ging er um sie herum, kniete sich neben Gabi nieder und sah dem Kind direkt in die Augen. In der Kirche war es mucksmäuschenstill und alle warteten gebannt drauf, was jetzt passieren würde.

Sarah nahm wahr, wie Gabis Schultern bebten. Sie spürte die Angst ihrer kleinen Tochter, dass Roger es sich vielleicht doch noch anders überlegen könnte – dass er sie nicht als Tochter haben wollte.

Roger nahm Gabis Hand in die seine und sagte dann so laut, dass alle Anwesenden es hören konnten: „Gabi, ich verspreche dir, dass ich dich immer lieb haben werde – und dass ich immer für dich und deine Mutter da sein werde. Ich werde dich nie verlassen – nie. Und ich werde für immer bei euch bleiben."

Sarah beobachtete, wie sich auf dem Gesicht ihrer Tochter ungläubiges Staunen ausbreitete, als Rogers ernsthafte Worte langsam zu ihr durchdrangen, die Leere in ihrem Innern ausfüllten und den lange unterdrückten Traum eines kleinen Mädchens wahr werden ließen: Endlich würde sie einen Papa haben, der sie für immer lieb hat.

Als Stiefvater bist du in mein Leben getreten.
Und dann hast du als Vater mein Herz gewonnen.
Michelle Cox

Lieber Gott,
bitte hilf mir, für meine Familie da zu sein, treu, liebevoll
und freundlich zu sein. Verbinde meine Familie zu einer
starken und sicheren Einheit. Erfülle unser Zuhause mit
Liebe. Danke, dass du uns einander geschenkt hast.
Amen.

„Vergiss nie, wer du bist!"

Tatyana Buksh

Einmal musste ich eine sehr schwere Entscheidung treffen und sprach deshalb die Sache mit einer Kollegin durch. Arlene hatte mir schon oft und in den unterschiedlichsten Situationen Mut gemacht – sogar in Situationen, in denen mir gar nicht klar war, dass ich es brauchte.

So erzählte ich ihr von dem Problem, das mich so beschäftigte und belastete, und sie sah mich an und sagte: „Vergiss nie, wer du bist – eine Tochter des Höchsten. Gib dich nie mit weniger zufrieden als mit dem, was dein Vater dir zugedacht hat."

Arlene ist inzwischen weggezogen, um sich um ihre alte, pflegebedürftige Mutter zu kümmern. Deshalb habe ich keinen Kontakt mehr zu ihr. Aber was sie damals sagte, ist in mein Herz eingraviert. Und wenn ich heute vor einer schwierigen Entscheidung stehe, höre ich ihre Worte: „Vergiss nie, wer du bist ..."

Das Versprechen

Jim Daly mit John Perrodin

*„In auswegloser Lage schrien sie zum Herrn,
und er rettete sie aus ihrer Not."*

Psalm 107,19

Jim war ein kleiner Junge, der sich an der Fensterscheibe einer fremden Familie die Nase platt drückte, weil er nicht genug davon bekommen konnte, deren harmonisches Familienleben von draußen zu beobachten.

In seinem Leben musste er Leid erfahren, vor dem die meisten Menschen verschont bleiben. Er hat keine schönen Erinnerungen an kuschelige Vorlesezeiten, an ein warmes Essen nach der Schule oder an Ballspiele mit seinem Vater. Am besten wäre es, seine Erinnerungen möglichst schnell zu vergessen. Denn sie sind von dem Stoff, aus dem tragische Filme gemacht werden. Dieser verletzte kleine Junge konnte sich nur in seiner Fantasie ausmalen, wie es wohl sein mochte, zu einer liebevollen Familie zu gehören.

Der kleine Jim war Zeuge unvorstellbar schrecklicher häuslicher Vorfälle. Einmal war er dabei, als sein betrunkener, wutentbrannter Vater seine Frau mit einem Hammer in der Hand durchs ganze Haus jagte und sie umbringen wollte.

Dieser Vorfall war der Tropfen, der das Fass in dieser Ehe zum Überlaufen brachte und zur Scheidung führte. Die Familie zerbrach endgültig. Jim war damals fünf Jahre alt.

Die darauffolgenden Jahre waren noch schwerer. Immer wieder kam es vor, dass kein Essen mehr da war und die Kinder hungern mussten. Und das, obwohl Jims Mutter zwei, manchmal sogar drei Arbeitsstellen gleichzeitig hatte, nur damit sie ein Dach über dem Kopf hatten! Die Situation wurde für Jim sogar noch schlimmer, als seine Mutter einige Jahre später wieder heiratete und die Familie in den sozialen Brennpunkt im Osten von Los Angeles zog.

Nur wenige Meter von Jims Zimmerfenster entfernt wurde eines Tages ein Mord begangen, der wahrscheinlich mit einem Streit zwischen rivalisierenden Straßengangs zu tun hatte. Was sich jedoch im Innern des Hauses abspielte, war auch nicht viel besser. Jims Stiefvater wollte seine neue Frau nicht mit seinen Stiefkindern teilen. Er war völlig verrückt nach ihr und wollte sie ganz für sich haben. Als sie im ersten Ehejahr an Krebs erkrankte, ließ er die Kinder nicht zu ihrer Mutter und versuchte zu verhindern, dass sie sie überhaupt noch zu sehen bekamen.

Nach kurzer Krankheit starb die Mutter und verließ Jim für immer. Noch am Tag der Beerdigung ließ ihr Mann seine fünf Stiefkinder einfach allein in der Wohnung zurück und kam nicht mehr wieder.

Jims ältere Brüder kannten eine Familie, die Pflegekinder aufnahm. Aber leider war es da – auch wenn das schwer vorstellbar ist – noch schlimmer. Durch den Aufenthalt dort verschlimmerte sich der seelische Zustand des kleinen Jungen weiter.

Dieses Kind, das nichts dringender gebraucht hätte als liebevolle Arme und tröstende Worte, wurde stattdessen abgelehnt und verlassen, während er dreiundzwanzig Mal umziehen musste.

Auch seine Geschwister konnten ihm nicht helfen. Sie waren nicht in der Lage, ihm den Trost und den Rückhalt zu geben, den er gebraucht hätte. Es gab allerdings in dieser dunklen Zeit auch den einen oder anderen Hoffnungsschimmer. Jim freute sich, dass seine Mutter kurz vor ihrem Tod ihr Leben Jesus anvertraut hatte. Das geschah durch den Einfluss ihrer Nachbarn: ein Ehepaar, das Jim nur als Oma und Opa Hope kannte.

Als Jims Mutter starb, hatten die Hopes zu ihm gesagt: „Gott ist bei dir."

Einfache Worte, die Jim das Gefühl gaben, zu einer liebevollen Familie zu gehören, und die ihm den Hauch einer Ahnung gaben, dass er vielleicht doch nicht ganz und gar vergessen und verlassen war.

Für den innerlich völlig vereinsamten Jungen bedeuteten diese Worte unendlich viel. Obwohl absolut nichts gut zu laufen schien in seinem Leben, konnte er durch diese Worte einen kurzen, wenn auch verschwommenen, Blick auf das größere Bild Gottes erhaschen. Es gab Gott wirklich. Er kümmerte sich. Und er machte sich Gedanken über Jims Lebensziel.

Jim sehnte sich danach, jemanden zu haben, der sich für ihn interessierte und sich um ihn kümmerte. Jemanden, dem er wichtig und nicht nur lästig war. Bis zu dem Augenblick, als er das Versprechen „Gott ist bei dir" gehört hatte, war er davon überzeugt gewesen, mutterseelenallein zu sein auf dieser Welt.

Freunde wie Oma und Opa Hope waren nicht die Einzigen, die ihm ermutigende Worte mit auf den Weg gaben. Auch Lehrer und Trainer legten ihm den Arm um die Schultern und vermittelten ihm: „Gott sorgt für dich." Diese Botschaft brachte ihn innerlich zum Lächeln.

Diese tröstenden Worte waren wie ein Refrain, der sich durch sein Leben zog. Gott schickte Jim etwa ein Dutzend Menschen über den Weg, die ihm in der Zeit zwischen dem Tod seiner Mutter und dem Zeitpunkt, als er mit fünfzehn Jahren sein Leben Jesus anvertraute, diese Botschaft der Hoffnung weitergaben.

Für einen Jungen, der das Gefühl hatte, keinen Menschen auf der Welt mehr zu haben, war der Gedanke an einen fürsorglichen Vater im Himmel ein Hoffnungsschimmer. Durch die einfachen Worte „Gott sorgt für dich" wurde ihm klar, dass Gott etwas mit ihm vorhatte und es einen Plan für sein Leben gab.

Welche Ironie, dass der Lebensinhalt dieses Mannes, dessen Kindheit von gebrochenen Versprechen, Zurückweisung, Unsicherheit und Gewalt bestimmt war, jetzt darin besteht, zerrütteten Familien zu Hoffnung und Heilung zu verhelfen. Heute leitet er die Organisation „Focus on the Family" (Blickpunkt Familie), die weltweit Tausende Familien unterstützt. Wenn Jim Daly Familien sagt: „Gott sorgt für euch", dann ist das keine hohle Phrase. Er weiß genau, wovon er redet. Er sagt diese Worte mit der Überzeugung eines Mannes, der aus erster Hand weiß, dass Gott *immer* für ihn da ist.

❖

Gott hat nie etwas versprochen, das zu schön wäre, um wahr zu sein.
Dwight L. Moody

❖

Lieber Gott,
danke für dein Versprechen, immer bei mir zu sein. Ich habe
schon so oft, wenn ich etwas Schweres durchmachen musste,
deinen liebevollen Arm gespürt. Hilf mir, diese Erfahrung
an andere weiterzugeben, die es dringend nötig haben, deine
Liebe und dein Mitgefühl zu erfahren.
Amen.

Heilsames Loslassen

Mary E. DeMuth

„Noch habe ich den Preis nicht in der Hand. Aber eins steht fest:
Ich will alles vergessen, was hinter mir liegt, und schaue
nur noch auf das Ziel vor mir. Mit aller Kraft laufe ich darauf zu,
um den Siegespreis zu gewinnen, das Leben in Gottes Herrlich-
keit. Denn dazu hat uns Gott durch Jesus Christus berufen.“

Philipper 3,13–14

In der ersten Zeit, als mein Mann Patrick und ich uns gerade erst kennengelernt hatten und miteinander befreundet waren, erzählte ich ihm nichts von meiner Kindheit oder meiner Familie. Davor hatte ich jedoch jedem – wirklich jedem, der es hören wollte oder auch nicht! – haarklein alles über meine Kindheit erzählt. Das tat ich nicht, weil es mir Spaß machte zu schildern, was damals passiert war. Nein, ich hoffte, damit Aufmerksamkeit zu bekommen. Die Reaktion der Leute war normalerweise: „Wow, da hast du aber wirklich viel durchgemacht."

Genau für solche Kommentare lebte ich.

Aber im Laufe der Zeit veränderte sich in meinem Innern etwas. Je mehr Gott mich heilte, desto weniger hatte ich das Bedürfnis, meine Geschichte zu erzählen, um dadurch bei anderen Mitgefühl zu wecken. Stattdessen genoss ich die Aufmerksamkeit Gottes und seine ermutigenden Worte.

Das genügte mir.

Irgendwann erzählte ich dann auch Patrick alles.

Von dem Gefühl des Verlassen-Seins, das ich empfunden hatte, wenn ich als Einzelkind allein gelassen wurde. Von meiner schrecklichen Angst in der gefährlichen Gegend, in der ich wohnte.

Von dem sexuellen Missbrauch durch ein paar Jungen aus der Nachbarschaft, als ich fünf war.

Vom frühen Tod meines Vaters, als ich zehn war.

Von den drei Scheidungen meiner Mutter.

Das packte ich als schmerzlichen Wust alles auf einmal vor ihm aus. Aber Patrick liebte mich trotzdem. Und er heiratete mich trotzdem.

Doch als wir bereits mehrere Jahre miteinander verheiratet waren, fing es an, durch die Risse in meinem Herzen hindurchzutropfen. Tränen, die sich dort über Jahre angestaut hatten, drangen nun wie Wasserfälle durch die Risse nach außen.

Ich hatte große Probleme, mit Patrick und meinen Kindern tiefe Beziehungen zu leben. Als meine Tochter fünf wurde, durchlebte ich noch einmal den traumatischen sexuellen Missbrauch, den ich in ihrem Alter in der Vorschule erlebt hatte. Ich zog mich immer mehr zurück, und es fiel mir sehr schwer, Zuwendung zu geben oder anzunehmen.

In dieser Zeit gab Patrick mir ein schmerzliches, aber hilfreiches Bild für meinen Zustand: „Du stehst auf dem Sprungturm und die Kinder und ich lachen und schwimmen unten im Schwimmbecken. Wir bitten dich, zu springen und zu uns zu kommen. Du gehst da oben auf und ab, aber du springst nicht. Stattdessen gehst du zur Leiter zurück, steigst wieder herunter und gibst dich damit zufrieden, einen Zeh ins Wasser zu tauchen, während wir planschen, lachen und im Wasser toben."

An diesem kritischen Punkt in meinem Leben wurde mir durch das Bild, das mein Mann mir beschrieb, plötzlich klar, dass ich Heilung brauchte. Ich war so naiv gewesen zu glauben, dass die frühere Heilung, nämlich nicht mehr fast zwanghaft von meiner schlimmen Kindheit erzählen zu müssen, schon ausgereicht hatte. Ich glaubte, dass ich den Punkt „Gottes Heilung meiner Vergangenheit" auf der Liste meiner Lebensaufgaben abhaken und dann munter weiterleben konnte.

Patricks Bild verfolgte mich und weckte den Wunsch in mir, heil zu werden.

Im fünften Kapitel des Johannesevangeliums gibt es eine Geschichte, in der Jesus einem gelähmten Mann die Frage stellt, ob er gesund werden will. Dieser Mann ist seit achtunddreißig Jahren krank und wartet darauf, dass ein Engel das Wasser des Teiches von Bethesda bewegt. Er dachte, wenn er nur einen Finger in das von dem Engel bewegte Wasser tauchen könnte, dann würde er gesund. Ich war wie dieser Mann. Ich hoffte auf eine einfache, schnelle Spontanheilung, zu der ich selbst nichts beitragen und bei der ich mich nicht anstrengen brauchte. Als der Mann dort an dem Teich wartete, stand plötzlich Jesus vor ihm und fragte: „Möchtest du gesund werden?"

Das Bild von dem Sprungturm im Schwimmbad, das Patrick verwendet hatte, war die Frage von Jesus an mich: „Möchtest du gesund werden, Mary?" Weil mir klar war, dass mein persönlicher Schmerz auch das Leben meiner Kinder und meines Mannes beeinträchtigte, ging ich zwei Jahre lang zur Therapie. Ich wollte verstehen, was innerlich mit mir los war. Ich bat Gott, doch bitte, bitte, bitte diese zerbrochenen Stellen zu heilen.

Mitten in diesem inneren Ringen verblüffte Patrick mich noch einmal, als er sagte:

„Mary, ich möchte, dass die zweite Hälfte deines Lebens besser wird als die erste, und ich bin bereit, alles dafür zu tun, dass es so sein wird."

Wieder hatte ich mich an der Vergangenheit aufgerieben. Durch Patricks zukunftsweisende Worte fing ich an zu glauben, dass durch die Gnade Gottes die zweite Hälfte meines Lebens wirklich besser werden würde als die erste – ja, dass die Zukunft tatsächlich unwiderstehlich sein könnte.

Die Heilung vollzog sich langsam, und der Prozess dauert bis heute an. Patricks Mut machende Worte haben mein Leben verändert. Ich blicke nicht mehr zurück und quäle mich mit der Vergangenheit ab – mit Dingen, die ich ohnehin nicht mehr ändern kann. Ich lerne immer noch, mich auf dem Sprungturm weiter vor zu wagen und zu glauben, dass Gott mir die Kraft gibt, in das Leben meiner Familie wirklich einzutauchen.

Die zweite Hälfte meines Lebens ist tatsächlich besser als die erste, und weil Patrick diese Worte zu mir gesagt hat, kann ich seine Hand halten, während wir der Zukunft entgegengehen.

Lass die Vergangenheit ruhen,
aber lass sie am Herzen Christi ruhen,
und geh mit ihm gemeinsam
in eine unwiderstehliche Zukunft.
Oswald Chambers

Lieber Gott,
schenke mir bitte den Wunsch, heil und gesund zu werden.
Heile mich und hilf mir, die Vergangenheit ruhen zu lassen.
Mach mich fähig, den Schmerz loszulassen und in deinen
starken Händen Ruhe zu finden. Hilf, dass meine Zukunft
besser wird als meine Vergangenheit – mit mehr geistlicher
Tiefe, mehr schönen Zeiten mit dir, mehr guten, intakten Be-
ziehungen. Ich liebe dich. Ich brauche dich. Ich ruhe in dir.
Amen.

Der Magnolienbaum

Edna Ellison mit Michelle Cox

*„Aus seinem Reichtum wird euch Gott, dem ich gehöre,
durch Jesus Christus alles geben, was ihr zum Leben braucht."*
Philipper 4,19

Edna Ellison hatte nur ein Ziel: Die Hochzeit ihrer Tochter sollte perfekt werden. Wie die meisten Brautmütter hatte sie monatelang alles bis ins kleinste Detail geplant.

Sie wünschte, ihr Mann wäre noch am Leben, um diesen ganz besonderen Augenblick im Leben seiner Tochter mitzuerleben, und ihr fehlten seine breiten Schultern zum Anlehnen bei all der Verantwortung, die sie jetzt ganz allein zu tragen hatte.

Der Tag der Hochzeit rückte näher und Edna hatte einen Termin mit der Floristin, um die letzten Details für die Blumendekoration in der Kirche mit ihr zu besprechen.

„Wir könnten doch frisches Grün und Magnolienblüten für den Durchgang zum Altarraum nehmen, wie fänden Sie das, Edna?", schlug die Floristin vor. „In Ihrer Wohngegend gibt es doch sicher irgendwo einen Magnolienbaum, von dem Sie die Blüten nehmen könnten. Das sieht bestimmt schön aus und außerdem würden Sie dadurch eine ganze Menge Geld sparen.

Wir dekorieren die Kirche am Tag vor der Trauung und dann stellen wir über Nacht die Klimaanlage an, damit es in der Kirche schön kühl ist und die Blüten während der Trauung noch frisch sind."

Edna war einverstanden, und nachdem sie den Altarraum so geschmückt hatten, sah die Kirche genauso prachtvoll aus, wie Edna es sich in ihren schönsten Träumen vorgestellt hatte.

Am nächsten Tag, dem Tag der Hochzeit, trafen Edna und ihr künftiger Schwiegersohn schon einige Zeit vor der Trauung bei der Kirche ein.

Es war ein unglaublich heißer Tag. Gegen Mittag herrschten bereits 40 Grad im Schatten. Als die beiden die Kirchentür öffneten, schlug ihnen ein Schwall heißer abgestandener Luft entgegen – statt der frischen Kühle, die sie erwartet hatten. Es stellte sich heraus, dass ein Sturm in der vergangenen Nacht zu einem Stromausfall geführt hatte, sodass die Klimaanlage ausgefallen war.

Edna betrat den Gottesdienstraum und stellte fassungslos fest, dass die am Vorabend noch strahlend weißen Magnolienblüten jetzt verwelkt und schwarz waren.

Völlig in Panik sagte sie zu ihrem künftigen Schwiegersohn: „Was sollen wir denn jetzt machen? Wir können doch keine Hochzeit mit schwarzen Blumen abhalten – und bis zur Trauung sind es nur noch ein paar Stunden!"

„Fahr einfach los und schau, was für Blumen du hier in der Gegend finden kannst, und bring sie mit", antwortete er.

Also fuhr Edna mit dem Auto die unmittelbare Umgebung der Kirche ab und entdeckte schließlich tatsächlich einen Magnolienbaum, der in voller Blüte stand. Sie bog auf die Auffahrt des Hauses, zu dem der Baum gehörte, und klopfte hektisch an die Tür.

Als ein älterer Mann öffnete, platzte sie sofort mit ihrem Anliegen heraus und sagte ohne Umschweife: „Ich brauche Sie." Dann erzählte sie rasch die Geschichte von der Hochzeitskatastrophe.

Der Mann, der wohl Ende sechzig war, holte eine Trittleiter, schnitt reichlich Blüten von dem Baum und gab sie Edna, die sich überschwänglich bei ihm bedankte.

Als sie sich zum Gehen wandte, sagte er: „Sie wissen ja gar nicht, was hier gerade passiert ist."

Sie sah ihn fragend an. Dem Mann standen die Tränen in den Augen, als er erklärte: „Letzten Montag ist meine Frau gestorben. Am Dienstagabend hatten wir in dem Bestattungsinstitut am Ende der Straße noch einmal ein Treffen mit Freunden und Familie." Jetzt liefen ihm die Tränen die Wangen hinunter. „Am Mittwoch haben wir sie beerdigt und am Freitag sind unsere Kinder wieder nach Hause zurückgefahren."

Er hatte Mühe, die nächsten Worte herauszubringen. Edna griff nach seiner Hand und wartete, dass er den Satz beendete.

„Jetzt bin nur noch ich da, und das Haus ist so leer. In den letzten paar Jahren habe ich meine Frau selbst gepflegt, Tag und Nacht. Jetzt braucht sie mich nicht mehr. Meine Kinder sind weg und brauchen mich auch nicht mehr. Ich fühle mich so allein. Gerade in dem Moment, als Sie kamen, habe ich Gott gefragt: ‚Gott, braucht mich überhaupt noch jemand?' Und genau in dem Augenblick, als ich das gesagt hatte, haben Sie angeklopft und haben genau diese Worte gesagt: ‚Ich brauche Sie.'"

Mit stockender Stimme fuhr er fort: „Während ich die Magnolienblüten für Sie geschnitten habe, hatte ich plötzlich die Idee, dass ich so eine Art Blumendienst ins Leben rufen könnte. In dem Bestattungsinstitut habe ich gesehen, dass es bei manchen Särgen gar keine Blumen gab. Ich könnte dafür sorgen, dass es bei allen Blumen gibt. Und vielleicht kann ich auch Blumen in Altersheime bringen oder ins Krankenhaus, um den Menschen dort eine Freude zu machen."

Nun standen auch Edna die Tränen in den Augen. Sie war überwältigt, als ihr klar wurde, dass Gott die Einzelheiten der Hochzeit *ihres* Kindes so abgestimmt hatte, dass eines *seiner* verletzten Kinder die Worte „Ich brauche Sie" zu hören bekam.

Vielleicht könnten wir den Menschen,
die in Not sind, dienen,
wenn wir zulassen, uns von Gott
in unserem Alltagstrott unterbrechen zu lassen.
Michelle Cox

Lieber Gott,
bitte öffne mir die Augen für Menschen, die eine helfende Hand, ein offenes Ohr oder eine liebevolle Berührung brauchen. Hilf mir, andere Menschen zu lieben und ihnen dadurch deine Liebe zu zeigen. Danke, dass du dich um meine Bedürfnisse kümmerst und immer da bist, wenn ich dich brauche.
Amen.

Mit einer Riesenportion Liebe

Stacie Ruth Stoelting

„Man vertraut dem Urteil eines vernünftigen Menschen;
und wenn er dazu noch gut reden kann, überzeugt er jeden."
Sprüche 16,21

Als ich dreizehn Jahre alt war, machte ich mit meiner Familie Ferien in den Südstaaten der USA. Unterwegs bekam ich irgendwo einen Gutschein, der zu verlockend war, als dass ich ihn hätte verfallen lassen können. Es war ein Gutschein über eine professionelle Gesangsaufnahme eines Liedes meiner Wahl in einem Tonstudio. Genau das hatte ich mir schon immer gewünscht.

Meine Familie gewährte mir also unterwegs eine Stunde Zeit, damit ich meinen Traum verwirklichen konnte.

In dem Büro des Tonstudios ging ich aufmerksam die Liste der Lieder durch, die zur Auswahl standen, und versuchte, das Lied auszusuchen, das perfekt zu mir passte.

„Ich möchte gern ‚Amazing Grace' und ‚Großer Gott, wir loben dich' singen", sagte ich schließlich und verhaspelte mich dabei vor Aufregung.

„Dann geh in die Kabine", antwortete der gelangweilte Angestellte.

„Finden Sie, dass das eine gute Wahl ist?", fragte ich und wünschte mir sehnlichst eine Bestätigung, denn ich war sehr unsicher.

„Das wird ganz bestimmt toll", sagte der Mann und kratzte sich am unteren Saum seines T-Shirts. Mein Herz raste und schlug mir bis zum Hals, als ich dann in dem winzigen Tonstudio stand, das kaum größer war als ein Dixi-Klo. Ich klammerte mich am Textblatt fest.

Da ich durch verschiedene Allergien Atemprobleme hatte, war das Singen besonders schwierig für mich, aber für einen Rückzieher war es jetzt zu spät. Also schickte ich ein Stoßgebet zum Himmel und sang dann aus vollem Herzen.

Ich war so glücklich! Meine erste Tonaufnahme in einem echten Studio! Ich bin sicher, dass meine Zahnspange im Licht funkelte, so strahlte ich. Meine Unsicherheit und Unbeholfenheit waren wie weggeblasen, als wir schließlich auf die Kassetten mit meinen Liedern warteten.

Ich drückte die Aufnahmen wie Juwelen an meine Brust, als sie mir schließlich überreicht wurden. „Ich bin fertig", verkündete ich meinen Eltern und meiner Schwester, als ich wieder zu ihnen stieß.

„Wir sind schon gespannt, es zu hören!"

Im Auto schien es endlos zu dauern, bis die Kassette eingelegt und abspielbereit war. Aber dann ging es los. Ich gab mir Mühe, die Reaktionen meiner Familie zu interpretieren, denn die Gesichter um mich herum deuteten darauf hin, dass irgendetwas ganz und gar nicht in Ordnung war.

Meine wunderbare Mutter sagte als Erste etwas. „Du möchtest doch, dass ich ehrlich zu dir bin, oder?"

So ganz sicher war ich mir da zwar nicht mehr, sagte aber trotzdem: „Ja, natürlich."

„Ich verspreche dir, dass ich ehrlich bin und dich immer unterstütze. Dann kannst du nämlich auch jedes Kompliment, das ich dir mache, ernst nehmen." Und dann legte sie los: „Im Augenblick bist du einfach nicht in der Lage, gut zu singen, mein Schatz. Gott hat dir zwar die Fähigkeit dazu geschenkt, aber du musst noch sehr viel üben. Dann kannst du es mal weit bringen!"

Vielleicht klingt diese Aussage hart, doch bei mir legten ihre Worte eine Saat in die Erde meiner Seele. Meine Mutter spornte mich damit an, härter zu arbeiten und außerdem zu lernen, beim Singen zu beten.

Sieben Jahre später – fast auf den Tag genau – hatte ich wieder einen Auftritt, eine neue Chance, mich im „Gebetssingen" zu üben. Wieder klopfte mein Herz schneller und stärker als der Rhythmus der Musik. Ich hielt kurz inne, um diesen Augenblick meiner Familie, meinen Freunden und vor allem meinem Herrn Jesus Christus zu widmen. Wieder sang ich mir die Seele aus dem Leib. Diesmal allerdings nicht in einer vollgestopften Studiokabine, sondern ich sang ein Solo für den Präsidenten der Vereinigten Staaten von Amerika, George Bush, vor über 11.000 Zuhörern.

Damals nach der ersten Aufnahme im Tonstudio als Dreizehnjährige hatte meine Mutter genau das gemeint, was sie sagte: „Im Moment bist du einfach noch nicht in der Lage, gut zu singen." Sie war wirklich ehrlich zu mir. Gott gebrauchte sie, um mich anzuspornen, damit ich mich noch mehr anstrengte.

Dank ihrer Bereitschaft und ihres Mutes, mir in Liebe die Wahrheit zu sagen, habe ich die Chance bekommen, mit Grammy-Preisträgern Musik zu machen. Ich konnte im Tonstudio von Ricky Skaggs ein Demoband aufnehmen. Gott hat mich im Radio, im Fernsehen und sogar vor dem Kapitol in Washington singen lassen.

Bei jeder CD, die ich aufnehme, weiß ich, dass meine Familie ihre geliebte „Paarundzwanzigjährige" genauso unterstützen wird wie ihre damals so hypernervöse Dreizehnjährige.

Manchmal tun Worte weh, bevor sie helfen können. Ich bin froh, dass meine Mutter mir immer die Wahrheit sagt – allerdings immer in Verbindung mit einer Riesenportion Liebe.

Ehrliche Worte lassen sich leichter schlucken,
wenn sie mit Liebe überzogen sind.
Michelle Cox

Lieber Gott,
Bitte hilf mir, den Menschen, die ich liebe, die Wahrheit zu sagen. Und bitte hilf mir, diese Wahrheit freundlich und liebevoll zu sagen. Danke, dass du so behutsam bist, wenn du mir die Bereiche meines Lebens zeigst, die noch Heilung brauchen. Schenk mir Weisheit, dass ich Anleitung und Korrektur annehmen kann, und hilf bitte, dass das Endergebnis ein Leben ist, das dir gefällt.
Amen.

Ich bin nicht der,
der ich einmal war

Brandon Heath

Es fällt mir schwer, mich zu erinnern.

Manchmal frage ich mich, ob mein Verstand nicht richtig funktioniert oder ob ich einfach nur ein kreativer Chaot bin. Es gibt Dinge, von denen ich mir wünschte, ich könnte mich daran erinnern – beispielsweise wo ich mein Handy hingelegt habe, wie das tolle Restaurant in der Innenstadt von Minneapolis heißt und wie noch mal diese Idee für einen Songtext war, die ich letzte Woche hatte, als ich in dem Mietwagen unterwegs war.

Und dann gibt es Dinge, an die ich mich eigentlich gar nicht erinnern möchte. Zum Beispiel die Mittelstufe in der Schule. Die Scheidung meiner Eltern. Mein erster Liebeskummer. Deshalb packe ich solche Erinnerungen auch lieber weg. Aber ab und zu kommen sie dann wieder hoch. Solch eine Erinnerung, festgehalten auf einem alten Foto, war die Anregung für mein Lied „I'm Not Who I Was" („Ich bin nicht der, der ich einmal war"). Ich weiß nicht, wo die Menschen auf dem Foto jetzt sind. Aber das Bild erinnerte mich daran, dass ich ihnen vergeben musste, ob sie das nun wollten oder nicht.

Ich schäme mich nicht, davon zu erzählen, wer ich war, oder – was noch wichtiger ist – wer ich jetzt in Christus bin. Für mich ist das Schreiben von Liedern eine der besten Methoden, meine Seele zu prüfen. Wenn ich das, was ich dabei entdecke, in Worte fasse, hilft mir dies, es besser zu verstehen. In dem besagten Fall ließ ich es zu, dass mich das Foto wieder mit Scham und Reue konfrontierte. Es brachte von einem Augenblick auf den andern Erinnerungen zutage, von denen ich gedacht hatte, sie wären längst vergessen.

In jenem Augenblick hatte ich die Wahl. Ich konnte entweder meine Bitterkeit wegdrücken, den Betreffenden meine Vergebung verweigern und so tun, als spürte ich den Schmerz nicht, oder ich konnte mir die Bitterkeit eingestehen und sie wirklich fühlen. Sobald ich mich entschied, die Bitterkeit zuzulassen, übernahm Gott das Steuer und sagte: „So warst du einmal. Aber jetzt bist du mein Sohn."

In diesem Erlebnis erkannte ich die Liebe Christi, die uns verwandelt und reinigt. Meine Antwort bestand in diesem Lied, mit dem ich die Gnade, die mir so großzügig geschenkt worden war, weitergab. Es fühlte sich toll an. Ich brauchte etwa zwanzig Minuten für das Lied. Als mein Mitbewohner nach Hause kam, sang ich es ihm vor. Er lächelte und sagte: „Das ist gut."

Vergebung ist gut. Veränderung ist gut. Sich zu erinnern, ist gut. *Gott* ist gut. Ich bin so froh, dass ich ihn gefunden habe.

Wenn ich doch jetzt nur auch noch mein Handy finden könnte ...

Gott hat keine Einheitsgrößen!

Sandra Glahn

„Nur eines aber ist wirklich wichtig und gut!
Maria hat sich für dieses eine entschieden,
und das kann ihr niemand mehr nehmen."

Lukas 10,42

Viele Generationen nach Eva gebar Ella Velma. Velma gebar Ann und Ann gebar Sandra.

Ich bin Sandra. Und die Gene meiner Vorfahren, die seit Anbeginn der Menschheit weitergegeben worden sind, enden hier. Ich werde nämlich nie ein Kind bekommen.

Als viertes von fünf Kindern, das am allerliebsten babysittete, wäre mir als Jugendliche nicht im Entferntesten der Gedanke gekommen, dass ich irgendwann mit Unfruchtbarkeit konfrontiert sein könnte. Ich bin in einem quirligen Haushalt aufgewachsen. Irgendwie war unsere Familie der Treffpunkt des ganzen Ortes: wo immer irgendjemand sich darüber stritt, welche Sendung man auf unserem uralten Schwarzweißfernseher schauen sollte oder wer als Nächstes unser einziges Telefon benutzen durfte. Irgendjemand bettelte immer darum, von einem Freund oder einer Freundin abgeholt zu werden, weil wir nur ein Auto hatten.

Unser Haus war nie ein Ort der Stille, wo man in Ruhe über Dinge nachdenken konnte. Irgendjemand übte immer gerade auf irgendeinem Musikinstrument: Wir hatten zwei Kontrabässe, eine Geige, eine Viola, eine Zither und eine Ukulele. Und irgendjemand hatte immer gerade Freunde zu Besuch, mit denen er „Twister" oder „Monopoly" spielte.

Ich lernte schon sehr früh, die Reste vom Essen von gestern kalt zu essen. Denn wenn ich die Pizza vom Vorabend erst aufwärmte, kam mit Sicherheit jemand, vom leckeren Duft angelockt, und forderte seinen Anteil ein. Um so einen Leckerbissen ganz für mich allein zu haben, musste ich also möglichst unauffällig vorgehen.

Es war zwar alles ein bisschen verrückt, aber ich fand es herrlich, in einer siebenköpfigen Familie aufzuwachsen. Ich kann mich nicht erinnern, dass sich jemals einer von uns über Einsamkeit beklagt hätte. Wenn ich bei einem Konzert mitspielte oder etwas vorspielen musste, hatte ich immer meinen eigenen Fanblock dabei. Bei der Abschlussfeier an der Highschool mit feierlicher Zeugnisübergabe hörte ich die Stimme meines Bruders Steve, der von der obersten Empore in der großen Versammlungshalle Kuckucksrufe ausstieß. Und ich genoss die siebenstimmigen Gesänge auf unseren langen Autofahrten durch die Vereinigten Staaten.

Obwohl ich zum Studium ging, hatte ich eigentlich gar nicht die Absicht, einen Beruf zu ergreifen. Ich hatte schon in der Schule einen festen Freund und wusste bereits im ersten Jahr der Oberstufe, dass ich ihn heiraten würde. Ich wollte Mutter werden. Das war mein größtes und eigentlich auch mein einziges Ziel.

Als ich zwanzig war, machten Gary Glahn und ich dann Nägel mit Köpfen. Er hatte nur einen Bruder, kam also aus einer

„ruhigen" Familie. Ein gutes Bild von der Anpassungsleistung, die uns beiden bevorstand, gibt der Film „My Big Fat Greek Wedding – Hochzeit auf Griechisch".

Nach fünf Jahren Ehe, in denen Gary sein Theologiestudium abgeschlossen hatte, fanden wir, dass es langsam Zeit wurde, unsere kleine zweiköpfige Familie ein wenig zu vergrößern. Es verging ein Jahr, ohne dass etwas geschah. Und noch eins. Schließlich ging ich zum Arzt. Ein drittes Jahr verging.

Aber dann passierte es – ein positiver Schwangerschaftstest!

Wir waren begeistert. Doch unsere Euphorie verwandelte sich schon kurz darauf in großen Kummer, als ich eine Fehlgeburt hatte. Das Ganze wiederholte sich. Ich hatte einen positiven Schwangerschaftstest, aber wir verloren auch dieses Baby. Und noch eins. Und noch eins. Und noch eins. Insgesamt hatte ich sieben Fehlgeburten. Danach befassten wir uns mit der Möglichkeit einer Adoption, aber im Laufe von drei Jahren zerschlugen sich drei Adoptionen.

Das führte bei mir zu einer tiefen Krise. Auf geistlicher Ebene fragte ich mich, ob Gott mich aus irgendeinem Grund bestrafen wollte. Seelisch fühlte ich mich sehr labil und zu allemal war mein Hormonhaushalt völlig aus dem Lot. Das Traumatischste war allerdings meine Krise in Bezug auf mein Frausein. Was sollte ich eigentlich sein und tun?

Ich hatte immer wieder gehört, dass es die höchste Berufung einer Frau sei, Mutter zu werden und Kinder großzuziehen. Aber was war dann mit mir? In meiner Studienzeit hatte ich mich mit einer echten Berufswahl gar nicht auseinandergesetzt. Ehrlich gesagt war ich sogar davon überzeugt gewesen, dass Frauen eigentlich nicht berufstätig sein sollten.

Jetzt, wo ich das hier schreibe, bin ich einmal mehr erstaunt darüber, wie eng und eingeschränkt meine Sicht damals war.

Da war gar kein Platz für die Aussage von Paulus, dass die Ehelosigkeit eine höhere Berufung sei als die Ehe, wenn man sich aus geistlichen Gründen dafür entscheidet.

Und was bedeutete bei einer solchen Sichtweise das Leben der Zeltmacherin Priscilla? Oder was ist mit der Frau aus Sprüche 31, die zwar verheiratet und Mutter war, aber auch Gürtel und Immobilien verkaufte? Und was war mit Lydia, der Purpurhändlerin aus Thyatira? Damals konnte ich nicht sehen, was ich jetzt weiß: dass Frausein nach dem Willen Gottes aus Stoffen mit unterschiedlichen Mustern gemacht ist und außerdem nicht in einer Einheitsgröße existiert.

Ich hatte auf dem College einen Abschluss in Bibelkunde gemacht. Ich hatte mich darauf vorbereitet, die beste Ehefrau und Mutter zu werden, die ich sein konnte, und meine Kinder so zu erziehen, dass sie den lebendigen Gott kennenlernten. Aber wir hatten keine Kinder. Und es sah auch nicht so aus, als ob wir jemals welche haben würden.

Und nachdem ich einige Stunden am Tag damit verbracht hatte zu kochen und zu putzen, fragte ich mich unweigerlich: *Wenn unser Herr sagt, dass er Arbeiter in der Ernte braucht und ich verfüge über mehr biblisches Wissen als die meisten Pastoren auf dieser Welt, warum sitze ich dann den ganzen Tag hier zu Hause herum? Wäre es nicht meine Aufgabe, der Not dieser Welt zu begegnen – außerhalb meiner eigenen vier Wände?*

An diesem Punkt machten mir sowohl meine geistliche Mentorin als auch mein Mann Mut, ein theologisches Aufbaustudium anzufangen. Sie erkannten, dass ich die Gabe der Lehre hatte – und zwar zu einem Zeitpunkt, zu dem ich das selbst noch überhaupt nicht so sah. Kapierten sie denn nicht, dass ich nicht Erwachsene in Bibelkunde unterrichten wollte? Ich wollte einfach nur Mutter sein!

Zu meinem Erstaunen sorgte Gott für die nötigen finanziellen Mittel, um die Ausbildung absolvieren zu können. Ich schrieb mich also, wenn auch zögerlich, in die entsprechenden Kurse ein, hatte aber immer noch große Zweifel.

Am Morgen des ersten Unterrichtstages war ich sehr nervös. Als ich startklar war, kämpfte ich immer noch mit Zweifeln und blieb deshalb auf dem Weg zur Garage einfach mitten in der Küche stehen. Ich konnte nicht starten, ohne innerlich wirklich Frieden darüber zu haben. Ich musste ganz sicher sein, dass ich die richtige Entscheidung getroffen hatte. Ich ging deshalb noch einmal ins Wohnzimmer zurück, kniete mich vor dem Sofa nieder und betete (besser gesagt, bettelte): „Herr, wenn das hier nicht das ist, was ich nach deinem Willen tun soll, dann halte mich bitte auf. Ich möchte nur das tun, was du willst."

Hat Gott schon einmal ganz einfache Worte zu Ihnen gesagt? Mir antwortete er jedenfalls an jenem Tag. Ich hörte seine Stimme zwar nicht akustisch, aber die Worte, die ich Jahre zuvor auswendig gelernt hatte und die mir jetzt plötzlich wieder in den Sinn kamen, waren so deutlich, als hätte sie jemand hörbar zu mir gesprochen: „Maria hat das gute Teil erwählt."

Ich dachte an die Geschichte in Kapitel zehn des Lukasevangeliums, aus dem diese Worte stammen. Marta ist in der Küche und erledigt die traditionelle „Frauenarbeit". Sie ist häuslich. Währenddessen sitzt Maria zu Jesu Füßen und hört ihm zu. Als sich die Frau in der Küche darüber beschwert, dass die Schülerin offenbar ihre Prioritäten nicht klar sieht, weist Jesus sie zurecht. Maria hat das gute Teil erwählt.

Schockierend.

Ich stand auf und wusste, dass das Seminar genau der Platz war, an dem Gott mich haben wollte. Sechs einfache Worte veränderten mein ganzes Leben.

Heute, also fünfzehn Jahre später, sind Gary und ich stolze Adoptiveltern einer Tochter, und ich unterrichte am Theologischen Seminar in Dallas, Texas. Wenn mir vor zwanzig Jahren jemand gesagt hätte, dass ich ein „Einzelkind" haben und an einer theologischen Fakultät unterrichten würde, um Pastoren auszubilden, dann hätte ich nur laut gelacht und verständnislos mit dem Kopf geschüttelt.

Mutterschaft ist zwar eine hohe Berufung, aber keineswegs die einzige für eine Frau. Ich habe herausgefunden, dass die höchste Berufung darin besteht, Jesus Christus zu folgen, wohin auch immer er ruft.

„Maria hat das gute Teil gewählt."

Gott hat für jeden von uns einen Traum.
Wäre es nicht schade, ihn zu verpassen?
Michelle Cox

Lieber Gott,
deine Worte sind die besten von allen. Sie schenken Leben,
Orientierung und Frieden. Hilf mir, dir nachzufolgen, egal,
wohin du mich führst. Und bitte hilf mir, dir meine eigenen
Pläne hinzuhalten und immer bereit zu sein, sie zu ändern,
wenn du das möchtest. Füll mich mit deinen lebensspen-
denden Worten, damit ich ihnen folgen und sie weitergeben
kann und sie etwas verändern im Leben der Menschen,
denen ich begegne.
Amen.

Ermutigungskarte

Schreiben Sie eine Ermutigungskarte, um jemanden in Ihrem Umfeld für etwas ganz Konkretes zu loben, das Sie bewundernswert finden. Nehmen Sie dazu eine schlichte weiße Karte und schreiben Sie ein paar Zeilen, mit denen Sie dieser Person für das danken, was sie für Sie oder für jemand anderen getan hat. Teilen Sie ihr mit, dass sie ihre Sache ganz toll gemacht hat, dass sich dadurch eine bestimmte Situation verbessert hat oder dass Sie für sie beten, falls sie gerade in einer schwierigen Situation ist. Nichts Kompliziertes. Es geht einfach darum, zu Papier zu bringen, was Ihnen am Herzen liegt, und jemandem zu sagen, dass Sie dankbar für ihn sind ... und dafür, dass er (oder sie) auf wunderbare Art anderen dient. Teilen Sie der betreffenden Person einfach mit, dass Sie das bemerken. Es bedeutet ihr bestimmt viel.

Die Sprinterin

Ann Kroeker

„Vergeltet nicht Böses mit Bösem, bleibt freundlich,
auch wenn man euch beleidigt,
und bittet Gott um seinen Segen für den anderen."

1. Petrus 3,9

Beim Sportfest in der sechsten Klasse sprintete ich, was das Zeug hielt, die Bahn entlang, um die 50 Meter zu gewinnen. Ich fand nichts schöner, als bei einem Rennen alles aus mir herauszuholen und mich so richtig zu verausgaben – schwitzend, außer Atem mit pochenden Schläfen. Das war einfach beglückend und zutiefst befriedigend.

Deshalb trat ich im darauffolgenden Schuljahr dem Leichtathletikteam der Schule bei und trainierte die Sprintdisziplinen. Ich hatte Talent in den 100- und 200-Meter Sprints, den 400 und 800 Metern sowie im Weitsprung. In der achten Klasse gehörte ich zu den Top-Sprinterinnen und freute mich schon darauf, bald mit den Leichtathletinnen der Highschool zu trainieren und an Wettkämpfen teilzunehmen.

In der Oberstufe trat ich dann auch gleich dem Leichtathletikteam bei und begann, für die Frühjahrssaison zu trainieren. Ich fand das Treppenlaufen als Training schrecklich, und auch das Lauftraining auf dem Übungsgelände bei kaltem Wind war nicht gerade meine Lieblingsbeschäftigung. Aber ich war schon glücklich, einfach dabei zu sein, und freute mich darauf, neue Freunde zu finden. Ich hoffte, dass ich ins Team passte, und ich konnte es kaum erwarten, wieder an Wettkämpfen teilzunehmen.

Als dann der Frühling kam, gewannen wir unsere ersten Wettkämpfe. Ich war begeistert, dass ich zu diesen Siegen etwas beitragen konnte, das mir leichtfiel und mir außerdem noch so viel Spaß machte. Und was noch besser war: Ich glaubte, eine Gruppe von Mädchen mit gemeinsamen Interessen gefunden zu haben. Dazuzugehören.

Nach einem unserer Auswärtswettkämpfe saßen wir alle wieder im Bus und redeten aufgeregt durcheinander, weil wir gewonnen hatten. Vor der Abfahrt stand der Trainer auf und bat um unsere Aufmerksamkeit. Er hielt eine kleine Rede, wie stolz er auf uns alle sei und wie gut jede Einzelne von uns ihre Sache gemacht hätte.

Danach verteilte er die Medaillen und Urkunden. Er war ein eher stiller Typ. Deshalb war es auch umso lustiger, als er wie ein Stadionsprecher jeweils die Platzierung und die Disziplin nannte, dann eine lange Pause machte und langgezogen und fast schreiend den entsprechenden Namen nannte. Alle stampften mit den Füßen und johlten und machten Stimmung im Bus, wenn das aufgerufene Mädchen nach vorn ging, um sich ihre Medaille und die Urkunde beim Trainer abzuholen.

Mich hob er bis ganz zum Schluss auf. Ich hatte in jeder Disziplin, in der ich gestartet war, gewonnen.

„Und jetzt", begann er, „kommen wir zur Ersten im 100-Meter-Sprint ... im 200-Meter-Sprint ... im 400-Meter-Lauf ... und im Weitsprung ... Annie Hopper!"

Auch ich ging durch den Mittelgang zum Trainer nach vorn, um meine Medaillen und Urkunden abzuholen, ein bisschen peinlich berührt wegen all der Aufmerksamkeit. Und dann merkte ich, dass irgendetwas anders war im Bus. Niemand jubelte. Und ich hörte auch keine anerkennenden Rufe, sondern einen ganz anderen Laut.

Als ich meine Medaillen und Urkunden in Empfang nahm, wurde mir klar, dass das Geräusch ein Wort war. Ein Wort.

„Buuuuh!" Ich wurde von der Mannschaft ausgebuht.

Ich presste meine Medaillen und Urkunden an mich, ließ mich auf einen leeren Platz ganz vorn im Bus sinken, drückte meine Knie gegen die Sitzbank davor und versuchte, mich unsichtbar zu machen. Nachdem der Bus angefahren war, kam mein Trainer zu mir und entschuldigte sich.

Er habe gehofft, dass dies ein Augenblick der Ermutigung und des Erfolges für mich sein würde. Er vermute, die anderen wären einfach neidisch, besonders da ich die Jüngste und die Neue sei.

Ich brachte es nicht einmal fertig, ihn anzusehen. Er stellte mir ein paar Fragen. Aber ich brachte kein Wort heraus, sondern starrte nur die ganze Zeit auf den Vinylbezug des Sitzes vor mir.

Ein einziges kurzes, aber machtvolles Wort hatte mich innerlich vernichtet.

Dieses eine Wort machte ganz deutlich, dass ich nicht als Teil des Teams akzeptiert war, und isolierte mich vom gesamten Rest der johlenden, jubelnden Truppe. Obwohl meine Leistungen dem ganzen Team mit zum Erfolg verholfen hatten, zeigten die anderen mir sehr deutlich, wie sie empfanden – diese spezielle Siegerin war ein Loser.

Obwohl sie mich danach nie wieder ausgebuht haben, konnte ich ihnen nie wieder ganz und gar vertrauen, und ich hatte von da an große Probleme mit meinem Selbstwertgefühl. Ich konnte mich kaum freuen, wenn ich das Gefühl hatte, dass es dem Team nicht passte.

Aber ein Gutes hatte die Sache doch. Ich beschloss nämlich für mich, niemals ein Teammitglied so zu behandeln, wenn ich selbst irgendwann in einer höheren Klasse wäre, selbst dann, wenn jemand zum Team dazustieße, der mich jedes Mal besiegte. Ich würde dieses Teammitglied ermutigen, was auch passierte.

Als ich dann in der vorletzten Klasse war, kam tatsächlich eine neue Sprinterin in mein Team, die im ersten Jahr der Oberstufe war, genau wie ich damals. Diese junge Schülerin besiegte mich ein paar Mal. Ich weiß nicht, ob meine Worte ihr etwas bedeutet haben, aber ich versuchte, jedes Mal daran zu denken, sie nach dem Rennen zu umarmen und ihr zu sagen: „Super gemacht. Tolles Rennen. Gratuliere."

Ich glaube nicht, dass ich damals schon den Vers in 1. Petrus 3,9 kannte, aber irgendwie wusste ich innerlich, dass ich diese Kränkung nicht mit einer Kränkung vergelten wollte. Viel lieber wollte ich Segen weitergeben.

Ein demütigendes, schmerzliches Wort wurde durch jenen Bus gegrölt, als ich fünfzehn war. Ich hoffe, dass ich irgendwann im Laufe der darauffolgenden Jahre stattdessen ein segensreiches Wort weitergegeben habe.

❖

Neid ist eine Krankheit, die die Seele zerfrisst,
aber Segensworte sind süßes Öl, die den Geist besänftigen.
Michelle Cox

❖

Lieber Gott,

gib mir ein freundliches Wesen, dass ich mich in guten Zei-
ten mit anderen freue und in schwierigen Zeiten mit ihnen
weine. Bitte bewahre mich vor Neid und Eifersucht. Hilf
mir, mich daran zu erinnern, wie überreich du mich be-
schenkt hast, und hilf mir, denen ein Segen zu sein, denen
ich begegne.
Amen.

Wie motiviert man einen „kleinen Rebellen"?

Patrick Neville

Meine Großmutter hatte beobachtet, wie ich Kurzsprints trainierte, um meine Schnelligkeit und Ausdauer zu verbessern.

„Hey Patrick, wusstest du eigentlich, dass dein Onkel als Schüler ein ausgezeichneter Sprinter war?"

Das war mir neu. Ich konnte es gar nicht erwarten, meinen Onkel wiederzusehen. Vielleicht konnte er *mir* helfen, ein guter Sprinter zu werden?

Als mein Onkel an den Platz kam, wo ich immer trainierte, war ich bereit, seinen Rat anzunehmen und alles zu tun, was er für hilfreich hielt, um besser zu werden.

Ich hatte allerdings nicht mit dem gerechnet, was er dann sagte: „Patrick, Schnelligkeit ist etwas, womit man entweder geboren wird oder eben nicht, und du wurdest nicht damit geboren."

Diese Worte mögen manchem eher entmutigend vorkommen, aber mein Onkel kannte seinen zehnjährigen Neffen sehr gut, besonders einen ganz bestimmten Charakterzug. Er wusste, dass ich seine Bemerkung als Herausforderung betrachten würde, ihm das Gegenteil zu beweisen: „Und ich kann es doch!"

Und so begann meine Laufbahn als Läufer, die zehn Jahre dauern sollte – über achttausend Kilometer – und mir mein gesamtes Studium finanzieren half. Einen Menschen zu ermutigen, der einen kleinen Rebellen in sich hat, funktioniert vielleicht ein bisschen anders als „normal".

Ein Teller voller Liebe

Susie Shellenberger

„Denn als ich hungrig war, habt ihr mir zu essen gegeben.
Als ich Durst hatte, bekam ich von euch etwas zu trinken.
Ich war ein Fremder bei euch, und ihr habt mich aufgenommen."

Matthäus 25,35

Ich war auf dem College und weg von zu Hause. Zum ersten Mal. Kannte keine Menschenseele. Bis sie mich zum Essen einlud ...

Als ich ankam, führte sie mich zum Tisch und sagte: „Susie, das hier ist jetzt immer dein Platz. Wir möchten, dass du zu unserer Familie gehörst. Dieser Platz ist jetzt jeden Abend für dich gedeckt. Das hier ist dein Teller. Wenn du ein besseres Angebot kriegst oder lieber allein sein möchtest, ist das in Ordnung. Aber dein Teller steht trotzdem da – egal, ob du kommst oder nicht." Und dann fügte sie mit Nachdruck hinzu: „Nur dass du mich richtig verstehst: Wenn du kommst, huschen wir nicht herum, um noch schnell einen Teller für dich hinzustellen. Es wird immer für dich gedeckt sein. Du gehörst jetzt zu uns."

Ich werde nie in Worte fassen können, wie viel Sicherheit mir das gegeben hat. Und als sie dann einen Weihnachtsstrumpf

71

mit meinem Namen am Kaminsims aufhängte und ein Foto von mir an den Kühlschrank pinnte, zu den Sachen, die ihre Kinder in der Schule gebastelt hatten … da hatte ich das Gefühl, wirklich dazuzugehören. Zu einer Familie, die sich kümmert. Sie schenkte mir Zugehörigkeit.

Obwohl ich immer lächeln muss, wenn ich an „Feuerwehr"-Shakes, Buntstifte und „Großer-Häuptling"-Schreibblöcke denke, sind die Erinnerungen, die mir Kraft geben, unsere gemeinsamen Gebetszeiten. In denen unsere Herzen vereint waren im Gespräch mit unserem Schöpfergott. Zeiten, in denen wir bis nach Mitternacht auf waren und geredet haben über Theologie, die Bibel und verschiedene Lehren.

Im Laufe der Jahre und an den unterschiedlichsten Orten habe ich wahrscheinlich einer Million Menschen erzählt, dass sie der kreativste Mensch ist, den ich kenne. Aber es gibt noch etwas, das weit über ihre Kreativität hinausgeht. Und das ist ihre Standhaftigkeit. Und das bringt mich wieder zurück zu unserer Freundschaft. Seit vierzig Jahren betet sie mit mir, lacht mit mir, weint mit mir. Wegen dieser Standhaftigkeit weiß ich, dass sie eine Langstrecken-Freundin ist.

Und das alles wegen dieser einfachen Worte – und einem Teller.

Danke, Susan!

❖

Ein Teller voller Liebe und Freundschaft
wird den Appetit jedes Gastes stillen.
Michelle Cox

❖

Lieber Gott,

bitte hilf mir, mir keine Sorgen darüber zu machen, dass mein Haus nicht makellos sauber ist und ich keine Gourmetköchin bin. Bitte erinnere mich daran, dass es hungrige Menschen gibt, die den Staub oder die Tatsache, dass es nur Butterbrote gibt, gar nicht bemerken, weil ihr dringlicherer Hunger darin besteht, jemanden zu haben, der sich für sie interessiert und um sie kümmert. Hilf mir, dass mein Zuhause eine Oase wird für Menschen, die ein herzliches und liebevolles Willkommen brauchen.

Amen.

Die Perle

Sandi Banks

„Die Worte eines Menschen können eine Quelle sein,
aus der immerfort Weisheit sprudelt:
unerschöpflich und von tiefer Wahrheit."
Sprüche 18,4

An diesem Tag benutzte Gott ein Café als Klassenraum, und die achtzig Jahre alte Dame, die mir in der sonnendurchfluteten Nische gegenübersaß, sollte meine Lehrerin und Freundin werden.

Ich war nach North Carolina geflogen, um dort in ihrer Gemeinde ein Bibelstudienprogramm vorzustellen, das unsere Organisation anbietet.

Noch ahnte ich nicht, dass stattdessen *ich* die Schülerin sein würde, als wir zusammen Mittag essen gingen und uns näher kennenlernten. Als Erstes erfuhr ich, dass ihr Name Beatrice war. Beatrice Pearl. Aber alle nannten sie Bea.

Sie war in Neuengland aufgewachsen und später in den Süden der Vereinigten Staaten gezogen. An diesem strahlenden Herbstmittag war sie mir wunderbare Gesellschaft beim Mittagessen. Sie begann, ein paar faszinierende Erlebnisse aus den acht Jahrzehnten ihres Lebens zu erzählen. Ich beobachtete ihr lebhaftes Mienenspiel, während sie von vergangenen Ereignissen erzählte – den Freuden ... dem Kummer ... den lustigen Zeiten ... und den schweren.

Dann lag plötzlich ein schmerzlicher Zug auf ihrem Gesicht. Gedanklich und gefühlsmäßig hatte sie offenbar die Rückspultaste gedrückt und war jetzt in einer kleinen Schule. Worte. Harsche, grobe Worte. Worte, die eine grausame Lehrerin zu ihr gesagt hatte, als sie sechs war.

Tränen standen Bea in den Augen, als sie sich jetzt wieder daran erinnerte, wie ihre Lehrerin ihr eine abgegebene Arbeit auf den winzigen Tisch geknallt, auf ein Wort gezeigt und gesagt hatte: „Was soll denn das da heißen?"

„Das heißt Pearl, Madam. Das ist mein zweiter Vorname", hatte Beatrice strahlend geantwortet.

„Also", hatte die Lehrerin sie angeschnauzt, „untersteh dich, diesen Namen noch einmal zu schreiben, bevor du nicht wie eine Perle glänzen kannst."

Beas Lippen bebten und ihre Stimme zitterte, als sie versuchte, ihre Tränen herunterzuschlucken. Ich weinte mit ihr, und dann saßen wir lange einfach schweigend da. Auch mir tat das Herz weh beim Gedanken daran, welch schmerzende, ein Leben lang bleibende Narbe ihr von einer gemeinen Lehrerin zugefügt worden war.

Irgendwann erfuhr ich dann noch, dass es einunddreißig Jahre gedauert hatte, bis sie ihren zweiten Vornamen schreiben konnte, ohne dabei in Tränen auszubrechen. Ihr älterer Bruder half ihr schließlich dabei, den Vorfall zu verarbeiten.

Ich griff nach ihrer Hand und fragte mich: Was wäre wohl gewesen, wenn die Lehrerin dieselbe Energie und dieselbe Anzahl von Worten eingesetzt hätte, um ihr eine andere Botschaft zu vermitteln?

Zum Beispiel: „Pearl? Wie schön! Das heißt ja Perle. Ein kostbares Schmuckstück. Eines Tages wirst du selbst wie eine glänzen." Ein Dutzend Worte und ein gebrochenes Herz. Ein Dutzend Worte und sie hätte innerlich aufblühen können.

❖

Säe freundliche Worte und dann schau zu,
wie ein Garten erblüht.

Michelle Cox

❖

Lieber Gott,
hilf mir, daran zu denken, dass die Worte, die ich jeden Tag sage, Macht haben. Bewahre meine Lippen vor verletzenden oder zornigen Worten. Hilf mir stattdessen, Trost, Ermutigung, Mitgefühl und Hoffnung zu spenden. Lass meine Worte dir gefallen in allem, was ich tue.
Amen.

Die Liebe seines Lebens

Michelle Cox

„Und so lautet mein Gebot:
Liebt einander, wie ich euch geliebt habe."
Johannes 15,12

Theodore Todd war klein von Statur, aber in allem, worauf es wirklich ankommt, war er einer der größten Männer, die ich jemals gekannt habe.

Kennengelernt habe ich ihn, als ich noch ein kleines Mädchen war. Er gehörte zur selben Kirchengemeinde wie meine Familie. Herr Todd war eigentlich immer im Gemeindehaus, wenn die Türen geöffnet waren, normalerweise bekleidet mit einem karierten Polyestermantel und einem Filzhut, den er höflich ein wenig lupfte, wenn er eine der Damen begrüßte.

Herr Todd gehörte eher zu den Leuten, die mit dem Hintergrund geradezu verschmelzen. Sein ruhiges, unaufdringliches Wesen zog kaum je Aufmerksamkeit auf sich.

Er und seine Frau Clara hatten in den Dreißigerjahren geheiratet, hatten einander vor Gott das Jawort gegeben und sich gegenseitig versprochen, einander zu lieben „in Krankheit und Gesundheit, bis dass der Tod uns scheidet". Die folgenden sechsundvierzig Jahre hatten die beiden sich hingebungsvoll aufeinander eingelassen und eine sehr enge Beziehung gehabt, wahrscheinlich nicht zuletzt auch deshalb, weil sie keine Kinder hatten.

Sie waren stolz auf ihren Gemüsegarten, und im Herbst kochten sie immer so viel von der Ernte ein, dass sie damit gut über den Winter kamen.

Oft luden sie sonntags andere Gemeindemitglieder zu sich nach Hause zum Essen ein, wo die Gäste herzlich empfangen und mit Bergen von Claras köstlichem Essen bewirtet wurden.

So lebten sie viele Jahre zusammen. Aber dann änderte sich plötzlich alles, als Clara einen Schlaganfall erlitt. Herr Todd pflegte sie mit liebevoller Hingabe und musste mit ansehen, wie ein weiterer Schlaganfall ihren bereits geschwächten Körper noch weiter in Mitleidenschaft zog. Ein dritter Schlaganfall folgte mit noch schwerwiegenderen Folgeschäden als der vorhergehende, und bald war klar, dass sie mehr Pflege und medizinische Betreuung brauchte, als ihr Mann zu leisten vermochte.

Er trauerte, als Clara in ein Pflegeheim ziehen musste, das ein paar Kilometer von ihrem Haus entfernt lag. Sie war die Liebe seines Lebens, war ein Teil von ihm geworden, so eng und fest war ihr Leben mit seinem verwoben, und jetzt war die Hälfte seines Herzens nicht mehr bei ihm zu Hause.

Das Haus war so leer. Fast sechzig Jahre lang hatte Clara es mit Liebe und Lachen erfüllt. Jetzt herrschte in den Räumen nichts als Schweigen. Er vermisste die ganz einfachen Dinge ihres gemeinsamen Lebens. Ihr morgens nach dem Aufwachen einen Kuss zu geben. Mit ihr über die Vögel zu reden, die er draußen vor dem großen Wohnzimmerfenster beobachtete. „Ich liebe dich" zu sagen, wenn sie abends zu Bett gingen.

Es war für ihn keine Frage, dass er sein Versprechen „in Gesundheit und Krankheit", welches er vor Jahren gegeben hatte, halten würde.

Sein Tagesablauf hatte sich nun verändert – und das blieb sieben Jahre lang so. Jeden Morgen fuhr er mit dem Auto zum Pflegeheim, ging dort die blank gebohnerten Gänge entlang zu Claras Zimmer und verbrachte den Tag bei ihr. Er wusch ihr behutsam das Gesicht, rieb ihre ausgetrockneten Hände und Füße mit Lotion ein. Er sprach mit ihr über die schönen Zeiten, die sie miteinander verlebt hatten, bevor die Krankheit in ihr Leben gekommen war.

Wo die meisten Menschen, die an Claras Zimmertür vorbeigingen, nur eine zerbrechliche alte Dame in einem Pflegebett gesehen hätten, schaute Theodore Todd immer noch mit den Augen der Liebe und sah die wunderschöne Braut, die er vor vielen Jahren geheiratet hatte.

Der einzige Tag, der bei Herrn Todd anders verlief, war der Sonntag, wenn er den Gottesdienst besuchte, dort seinen Zehnten in die Kollekte legte und den Gott anbetete, der in seinem und Claras Leben immer ihre Stärke gewesen war.

Punkt 11.45 Uhr stand er dann leise auf und ging, und wer ihn kannte und in seiner Nähe saß, musste sich dann oft verstohlen eine Träne wegwischen. Wir wussten nämlich alle, wohin er dann ging. Es war Zeit für das Mittagessen bei seiner geliebten Clara.

Und wir wussten auch, dass wir Zeugen einer Lektion in Sachen Liebe sein durften, während Herr Todd sein Versprechen „In Gesundheit und Krankheit, bis dass der Tod uns scheidet" hielt.

❖

Um echte Liebe handelt es sich,
wenn zwei Herzen so miteinander verwoben sind,
dass man nicht mehr sagen kann,
wo das eine anfängt und das andere aufhört.

Michelle Cox

Lieber Gott,
bitte hilf mir, mein Eheversprechen zu halten. Danke, dass
du mir meinen Ehepartner anvertraut hast. Erinnere mich
daran, dass jeder Tag, den wir gemeinsam leben, ein ganz
besonderes Geschenk von dir ist.
Gib, dass unser gemeinsames Leben für die Menschen in
unserem Umfeld eine Lektion in Sachen Liebe ist.
Amen.

Der Junge im Rollstuhl

Sherrie Eldridge

„Aber er hat zu mir gesagt:
‚Meine Gnade ist alles, was du brauchst!
Denn gerade wenn du schwach bist,
wirkt meine Kraft ganz besonders an dir.'"

2. Korinther 12,9

An jenem Frühlingsnachmittag, als meine drei Enkel und ich uns auf den Weg zum Spielen im Park machten, strahlte die Sonne vom Himmel. Schon seit die drei Babys waren, machte es mir Spaß, mich mit ihnen zusammen auf dem Spielplatz zu vergnügen. Unsere gemeinsame Zeit an diesem Tag würde eine weitere Erinnerung für unsere Schatztruhe werden.

Als wir uns dem Spielplatz näherten, fühlten sich meine Augen an, als hätte jemand mit Säure darübergewischt. Bei mir war kurz zuvor Lupus diagnostiziert worden, eine Autoimmunerkrankung, die – stark vereinfacht gesagt – den Körper allergisch gegen sich selbst macht. Ich wusste, dass eines der Symptome der Krankheit starke Lichtempfindlichkeit war, weshalb ich im Freien auch fast immer eine Sonnenbrille trug. Ich war richtig verzweifelt, als mir klar wurde, dass ich nicht mit meinen Enkeln in der Sonne würde spielen können.

Sie kletterten auf den Spielgeräten herum und ich setzte mich in den Schatten unter einen Baum, um dort im Selbstmitleid zu baden.

Plötzlich hörte ich Gesang hinter mir. „Gott ist so gut … Gott ist so gut … allezeit." Ich schaute mich um und sah einen Jungen im Rollstuhl, der die Kinder an den Spielgeräten beobachtete.

Ich vergewisserte mich, dass nicht er es war, der sang: „Gott ist gut … allezeit." Das war ja wohl kaum möglich. Denn schließlich konnte er nicht mit den anderen Kindern spielen, sondern musste ihnen zuschauen.

Ich sagte mir, dass ich mich bestimmt im Text verhört hätte und er etwas anderes gesungen hatte. Aber dann siegte doch meine Neugier. Ich drehte mich um und fragte: „Hast du da gerade ‚Gott ist gut … Gott ist gut … allezeit' gesungen?"

Er nickte, und sein Onkel bestätigte, dass es so war. Und der kleine Isaak, fügte er hinzu, könne außerdem fünf Psalmen auswendig. Und dann fing Isaak an, Psalm 100 aufzusagen:

„Jubelt dem Herrn zu, ihr Bewohner der Erde!

Betet ihn voll Freude an. Kommt zu ihm und lobt ihn mit Liedern.

Erkennt, dass der Herr Gott ist! Er hat uns erschaffen und wir gehören ihm. Wir sind sein Volk, die Schafe seiner Weide.

Geht durch die Tempeltore mit Dank, tretet ein in seine Vorhöfe mit Lobgesang. Dankt ihm und lobt seinen Namen.

Denn der Herr ist gut. Seine Gnade hört niemals auf, und seine Treue gilt für immer."

Als er den letzten Vers aufgesagt hatte, kämpfte ich mit den Tränen. „Du hast mich heute wirklich beschenkt, Isaak. Ich hatte es dringend nötig, dass mich jemand an Gottes Güte erinnert. Da hat mir Gott dich über den Weg geschickt, damit du mich durch dein Leben und deine Worte daran erinnern konntest. Danke."

Isaak lächelte mich an und erzählte mir dann, was er noch alles konnte, obwohl er im Rollstuhl saß. Er freute sich darauf, diesen Sommer in Washington D.C. Reiten zu gehen, und außerdem würde er an einem Ferienlager in Indiana teilnehmen.

Im Unterschied zu mir konzentrierte Isaak sich ganz und gar auf die Güte Gottes. Er wusste, dass körperliche Einschränkungen und Leid Gottes Einladung an uns sind, näher an ihn heranzurücken und seine Nähe zu suchen.

Auch meine Enkelkinder lernten Isaak kennen und ich erzählte ihnen, wie Gott mir durch Isaak deutlich gemacht hatte, dass er immer da ist. Dann erklärte ich ihnen so einfach wie möglich und so, dass sie keine Angst bekamen, warum ich manches nicht tun könne. „Ich habe nämlich eine Krankheit namens Lupus, die schlimmer wird, wenn ich mich in der prallen Sonne aufhalte."

Ich weiß gar nicht mehr, wie wir vom Thema Lupus auf Gott kamen. Aber jedenfalls war es so. Wir sprachen zu viert über den Himmel. Mein sechsjähriger Enkel Cole betonte, dass er in seiner himmlischen Wohnung nur Jesus haben wolle. Ich fragte, ob ich ihn denn dort mal besuchen dürfe, was er bejahte. Dann sprachen wir darüber, wem wir wohl zuerst begegnen würden, wenn wir dort wären.

Werden wir schlafen? Wird es Regeln geben? Ob es dort wohl Autos gibt?

Nachdem ich die Jungen wieder zu Hause abgeliefert hatte, fühlte sich mein Herz wie ein Ballon kurz vorm Platzen an.

Ich kann vielleicht nicht mehr mit meinen Enkeln in der Sonne spielen. Aber ich kann Gott auf jeden Fall noch unter einem schattigen Baum für seine unfehlbare und grenzenlose Liebe danken. Und für kostbare Gespräche über Jesus und den Himmel mit meinen Enkeln. Was will ich mehr?

Als ich wieder nach Hause fuhr, sang ich unter Tränen Isaaks einfache kleine Worte vor mich hin: „Gott ist so gut ... Gott ist so gut ... allezeit."

Es ist immer ein Schöpflöffel voll Gnade da
für diejenigen, die eine Erfrischung brauchen.
Michelle Cox

Lieber Gott,
danke für meine Einschränkungen, denn sie sind deine Ein-
ladung an mich zu einer intensiveren Beziehung zu dir und
den Menschen, die ich liebe. Hilf mir, den Blick abzuwen-
den von meinen Problemen hin zu dem, der sie lösen kann.
Danke, dass du in den schwierigen Augenblicken da bist.
Bitte hilf, dass mein Leben für dich spricht und mein Han-
deln andere daran erinnert, dass du gut bist – allezeit und
immer.
Amen.

**Die Top 10 ermutigenden Sätze,
die wir gern hören:**

Ich mag dein Lächeln.
Du machst mich glücklich.
Ich fühl mich sicher an deiner Seite.
Du hörst mir wirklich zu.
Ich mag deinen Stil.
Das hast du ganz toll gemacht.
Bei dir fühle ich mich wohl.
Ich weiß, dass ich dir vertrauen kann.
Du bist authentisch.
Ich liebe es, deine Hand zu halten.

Grenzenlose Gnade

Barbara Faust

„Seid vielmehr freundlich und barmherzig, und vergebt einander,
so wie Gott euch durch Jesus Christus vergeben hat."

Epheser 4,32

Ich habe als Kind gelernt und bin so erzogen worden, dass eine Scheidung schlecht ist. Erniedrigend. Deshalb zögerte ich es so lange hinaus, meine Ehe zu beenden, bis es wirklich nicht mehr zu ertragen war, obwohl meine Tochter und ich täglich von meinem Mann misshandelt wurden.

Als wir ihn schließlich verließen, wurde unser Leben noch demütigender. Was bisher verborgen gewesen war, wurde jetzt öffentlich. Unser ganz persönlicher Kummer und Schmerz war freigegeben für Anwälte, Richter, Polizisten, Therapeuten, Sozialarbeiter, unsere Familie und Freunde. Selbst die Mitarbeiterinnen im Kinderhort mussten eingeweiht werden, damit die Einhaltung der Besuchsregelungen kontrolliert werden konnte.

Eine neue Gemeinde zu finden, erwies sich als fast unlösbare Aufgabe. Ich wünschte mir nichts weiter als ein paar starke Menschen, an die ich mich anlehnen könnte, bei denen ich vielleicht ein bisschen weinen könnte. Stattdessen wurde ich wiederholt daran erinnert, dass ich eine Ehebrecherin sein würde, es sei denn, mein Exmann heiratete als Erster wieder. Das war nicht unbedingt die Art von Trost, die ich mir erhofft hatte.

Der Pastor sprach sich in seinen Predigten natürlich gegen Scheidung aus. Das hatte ich auch nicht anders erwartet. Aber musste er mir unbedingt zuallererst mitteilen, dass er mich niemals trauen würde, falls ich irgendwann den Wunsch haben sollte, wieder zu heiraten? Zu viele Informationen, und das viel zu früh. Leider wurden meine und die Bedürfnisse meiner Tochter ignoriert.

Um ehrlich zu sein, ich war die einzige alleinerziehende Mutter in der Gemeinde, und man wusste dort einfach nicht, was man mit mir anfangen sollte. Also wurde ich aktiv, brachte mich ein und arbeitete in den verschiedensten Bereichen mit. Doch die SÜNDE – ich stellte sie mir immer in Großbuchstaben vor – der Scheidung nagte an mir wie eine hungrige Ratte an einem Stück Käse.

Drei Jahre dauerte die gerichtliche Abwicklung der Scheidung und der Sorgerechtsregelung. Weil *ich* die Scheidung eingereicht hatte, glaubte ich, dass ich dadurch auch den Löwenanteil der Schuld daran trug. Würde Gott wohl jemals die Qual dessen, was ich getan hatte, von mir nehmen? Ob er mich jemals wieder zur Normalität zurückkehren lassen würde? Ob er mir jemals vergeben konnte?

Doch dann lernte ich Jean kennen. Zu dem Zeitpunkt wusste ich noch nicht, dass sie und ihr Mann beide bereits einmal verheiratet gewesen waren, bevor sie sich kennenlernten. Offenbar führten sie eine gute und stabile Ehe. Ein wunderbares Beispiel dafür, wie eine Beziehung eigentlich funktionieren sollte.

Jean adoptierte mich als Tochter, und mein Kind als Enkelin gleich mit. Sie umarmte mich häufig und sagte mir regelmäßig Dinge, die mir Mut machten und Hoffnung gaben. „Du machst deine Sache als alleinerziehende Mutter großartig", sagte Jean beispielsweise. Solche ermutigenden Worte bedeuteten mir unendlich viel.

Eines Tages sagte sie etwas zu mir, das mein Leben ein für alle Mal veränderte. Ihre Weisheit trug dazu bei, einen Heilungsprozess in Gang zu setzen für mein gequältes Herz. Sie sagte: „Gottes Lehre von der Vergebung ist größer als seine Lehre über die Scheidung."

Was? Er vergibt? Sogar mir? In meinem Kopf wirbelten Fragen durcheinander. „Aber ich dachte, er hasst Scheidung!" Ich hätte mich zu gern an ihre Worte geklammert, aber waren sie auch wirklich wahr?

Meine liebe Freundin Jean fuhr fort: „Gott möchte uns alle unsere Sünden vergeben – in seiner grenzenlosen Gnade. Er möchte uns Frieden schenken. Gottes Lehre von der Vergebung ist wirklich größer als das, was er über Scheidung lehrt. Sicher ist es ihm lieber, wenn Paare an ihrer Ehe arbeiten und zusammenbleiben. Aber ich glaube nicht, dass es nach Gottes Willen gewesen wäre, wenn du bei deinem Mann geblieben wärst, wo deine Tochter und du ständig misshandelt wurden."

Ob das wirklich stimmte? Vielleicht hatte ich ja doch nichts getan, wofür es keine Vergebung gab. Vielleicht bedeutete die Scheidung ja doch nicht das Ende meines Lebens, meines Glücks oder meiner Beziehung zu Jesus. Er wollte immer noch mein Freund sein, egal, was ich getan oder nicht getan hatte.

Jean und ich sind jetzt schon seit Jahren Freundinnen. Wir haben viel zusammen durchgemacht. Den Tod ihres Mannes, die Scheidungen ihrer Kinder, meine eigenen Probleme. Wir haben uns umeinander gekümmert und uns gegenseitig getröstet. Und immer – wirklich immer – einander geholfen, in der Vergebung zu leben.

❖

Gottes Vergebung ist ein Becken ohne Boden,
das aus der Quelle seiner Gnade gespeist wird.

Michelle Cox

❖

Lieber Gott,
ich habe schon so oft deine Vergebung erfahren. Danke für
deine grenzenlose Gnade und Barmherzigkeit. Danke, dass
du mich daran erinnerst, dass ich ein fehlerhafter Mensch
bin, ich aber trotz meines Versagens den innigen Wunsch
habe, dir zu gefallen. Ich liebe dich, Herr.
Amen.

Die neugierige Nachbarin

Suzanne Alexander

„Duftendes Öl und Weihrauch erfreuen das Herz,
aber noch angenehmer und wertvoller
ist der gute Rat eines Freundes."
Sprüche 27,9

Ich wuchs auf in dem Wissen, dass ich dumm war, aber manchmal vergaß ich es und sagte schlaue Sachen. Ich brauchte mir deshalb allerdings keine Sorgen zu machen, denn in diesen Fällen war mein Vater immer sofort zur Stelle, um mich an meine Fehler zu erinnern, indem er mich „dummer Pollack" nannte.

Eines Tages, ich war damals in der fünften Klasse, rannte ich zur Haustür hinaus, um mit meinen Freundinnen zusammen zur Schule zu gehen. In meiner Eile vergaß ich, die Tür hinter mir zu schließen. Eigentlich war das nicht weiter schlimm – niemand drang ins Haus ein, um den Sparstrumpf zu stehlen. Es kam niemand zu Schaden oder sonst etwas Furchtbares. Der Hund passte ja auf. Das einzig Schlimme, was passierte, war, dass mein Vater hinter mir her schrie und mich vor meinen Freundinnen „dummer Pollack" nannte.

Ich tat, als machte mir das nichts aus, aber insgeheim

wünschte ich mir, meinem Vater das Gegenteil beweisen zu können. Ich wusste nur nicht, was „Pollack" bedeutete – vielleicht ein Beweis dafür, dass ich tatsächlich nicht besonders schlau war.

In der Schule bekamen wir genau an dem Tag Ausleihkarten für die Schulbibliothek und dort schlug ich heimlich im Wörterbuch nach, was „Pollack" eigentlich bedeutete. Dort stand, es sei eine bestimmte Fischart. Häh? Ich rannte wieder in meine Klasse zurück, konnte mich aber den Rest des Tages nicht mehr richtig konzentrieren. Wieso bezeichnete mein Vater mich als Fisch?

Den Teil mit dumm verstand ich ja.

Auf dem Heimweg trödelte ich. Meine Freundinnen hatten schon die Riesenpfütze auf dem Weg übersprungen. Ich stand noch davor, meine Schuhspitzen ragten ein bisschen über den Rand der Pfütze und als ich mein Spiegelbild in der Pfütze sah, fiel mir auf, wie klein mein Kopf war.

Da dämmerte es mir. Wenn mein Kopf so klein war, dann musste auch mein Gehirn klein sein, und deshalb nannte mein Vater mich wahrscheinlich einen dummen Fisch. Eigentlich fand ich mich ziemlich schlau, dass ich das herausgefunden hatte.

Jahre später erfuhr ich dann jedoch, dass mein Vater mit dieser Bezeichnung etwas Gemeines und Rassistisches gemeint hatte, das absolut keinen Sinn ergab. Ich bin nicht polnischer Abstammung (und er auch nicht), und die Polen, die ich kannte, waren alle ziemlich schlau.

Ich nehme an, es war eigentlich auch egal, ob er einen dummen Menschen oder einen dummen Fisch meinte. Seine Beschimpfung wurde jedenfalls zu meiner Entschuldigung, wenn ich eine Prüfung nicht bestand oder wenn ein Lehrer zu mir sagte, dass ich mich lieber hinters Lernen klemmen solle, weil ich es sonst zu nichts bringen würde.

Ich war dumm. Keine Frage. Ich hing mit meinen Freundinnen herum, rauchte billige Zigaretten und trank billigen Fusel. Damals verstand ich den Zusammenhang nicht. Hätte ich begriffen, was die Worte meines Vaters in meinem Leben anrichteten, hätte ich mich vielleicht nicht ständig so niedergeschlagen gefühlt.

Als ich fünfzehn war, zogen wir um auf einen heruntergekommenen Bauernhof. Unsere Nachbarin war eine winzige Frau – winzig in Bezug auf ihre Größe, aber keineswegs hinsichtlich ihrer Neugier. Sie hielt Pferde, Ziegen, Hühner und hatte, um das Maß voll zu machen, auch noch fünf Kinder. Und dann half sie auch noch in der Firma ihres Mannes mit, wenn Not am Mann war.

Weil ich Pferde mochte, verbrachte ich viel Zeit bei ihr und versuchte, so viel wie möglich von ihr zu lernen. Derweil versuchte sie, so viel wie möglich über mich zu erfahren. Meine Eltern nannten sie nur die neugierige Nachbarin. Mir war es eigentlich egal, wie meine Eltern sie nannten. Hauptsache, sie ließ mich auf ihren Pferden reiten. Einmal, als sie für ihren Mann geschäftlich unterwegs war, bat sie mich, solange die Pferde zu versorgen.

Als sie zurückkam, sah sie sich alles an und kontrollierte meine Arbeit. Ich war nervös, weil ich alles perfekt hatte machen wollen. Als sie mit ihrem Rundgang fertig war, sagte sie, ich solle mich setzen.

„Du bist ein ganz schön gescheites, kluges Mädchen", sagte sie.

Ich protestierte. „Da irren Sie sich. Ich bin in Mathe durchgefallen und ..."

Aber sie hörte gar nicht hin. Und ganz tief in meinem Innern wusste ich, dass sie recht hatte. Aber das machte mir Angst, weil ich nämlich sehr viel mehr Verantwortung haben würde, als ich verkraften konnte, wenn sie tatsächlich recht hatte.

Sie war noch nicht fertig. Sie sagte, ich könne ein anständiges und produktives Leben führen, wenn ich nur wolle. Dieser Gedanke war mir zuvor noch nie gekommen.

Ich erzählte niemandem, was sie gesagt hatte, und ging ihr wochenlang aus dem Weg, während ich langsam ihre gehaltvollen Worte verdaute. Irgendwann besuchte ich sie dann doch wieder auf ihrem Hof. Und dann ging ich immer häufiger und blieb immer länger. Wenn ich dort war, spürte ich Hoffnung, dass ich ja vielleicht doch eine Zukunft hatte – so wie sie.

Eines Tages erklärte sie mir, es sei nicht ausschließlich die Schuld meiner Eltern, dass sie mir nicht helfen könnten, das zu werden, wozu ich geschaffen war. Vielleicht läge es auch daran, dass sie selbst keine gute Kindheit und Erziehung erlebt hätten. Sie bereitete mich darauf vor, dass mir meine Eltern zunächst einmal wütend vorkommen könnten, wenn ich mein Leben veränderte. Es würde sicher eine Weile dauern, bis sie es verstünden und sich daran gewöhnt hätten. Durch diese Erklärung fühlte ich mich besser.

Von dem Tag an hatte ich keine Schuldgefühle mehr, wenn ich auf ihren Rat hörte. Und ich bereitete mich innerlich auf harte Zeiten vor in dem festen Glauben, dass am Ende alles gut werden würde. Meine Nachbarin schlug vor, dass ich mich in der Schule auf ein Fach nach dem anderen konzentrieren solle, um mich zu verbessern, nicht auf alle gleichzeitig.

Genau so machte ich es. Und ich bekam tatsächlich meine ersten Einser.

Niemand wollte mir glauben, dass mein Zeugnis echt war –

außer ihr. Meinen Freunden gefiel meine Veränderung ganz und gar nicht, also musste ich mir neue suchen.

Ich arbeitete hart, schaffte erst die Schule und studierte dann Medizin. Heute bin ich Ärztin, Ehefrau und Mutter. Und nun übernehme ich die Rolle der „neugierigen Nachbarin", wann immer sich die Chance dazu bietet, sogar bei meinen eigenen Kindern.

Und meine Eltern? Sie sind inzwischen so stolz auf mich, dass es mir beinahe schon peinlich ist.

Nicht schlecht für einen dummen Fisch.

Die Macht unserer Worte
kann finstere Orte hell machen und
einem verwundeten Herzen
Sonne und Heilung bringen.

Michelle Cox

Lieber Gott,
hilf mir, die Macht meiner Worte zu nutzen, um denen Trost und Heilung zu bringen, die beides dringend brauchen.
Mach mein Leben zu einem Ort der Hoffnung für diejenigen, die verletzt sind und ein ermutigendes Wort brauchen.
Danke für deine tröstenden Worte, die mich mein ganzes Leben lang erhalten haben.
Amen.

Prinz oder Tollpatsch?

Leon Overbay

„Für die Menschen ist wichtig,
was sie mit den Augen wahrnehmen können;
ich dagegen schaue jedem Menschen ins Herz."

1. Samuel 16,7

Es war das Jahr 1959. Ich war in der fünften Klasse und Frau Reid war unsere Klassenlehrerin. Sie war toll. Sie machte uns Kindern gegenüber grundlegende Aussagen, die bis heute in unseren Köpfen nachklingen. Einmal sagte sie: „Ein Drittel aller Kinder lebt in China."

Mein Zwillingsbruder und ich wussten schon, dass die Kinder in China hungerten – das sagten uns unsere Eltern nämlich immer, wenn wir unseren Teller nicht leer essen wollten.

Ich erinnere mich noch, dass ich mich im Klassenraum umsah, um festzustellen, welches der Kinder wohl in China leben mochte. Wir wussten ja nun, dass eines von dreien dort leben musste! Es hätte Katie Johnson sein können. Sie hatte etwas dunklere Haut und wunderschöne mandelförmige Augen. Nach dem, was Frau Reid über China gesagt hatte, boten wir Katie beim Mittagessen in der Schulküche immer unsere Essensreste an. Sie fand uns seltsam.

Eines Tages verkündete Frau Reid, dass wir zur Abschlussfeier des Schuljahres, zu der immer alle Eltern eingeladen wurden, Schneewittchen und die sieben Zwerge nach der damals beliebten Filmfassung von Walt Disney aufführen würden. Sie meinte, es gäbe zwar nicht genügend Rollen für alle Schüler, aber sie wünsche sich, dass alle sich in irgendeiner Form beteiligten.

Als Erstes bestimmte sie vier Mädchen, die das Verteilen der Rollen übernehmen sollten. Sie sagte, das sei eine sehr wichtige Aufgabe, weil diese Schülerinnen die Schauspieler für das Theaterstück aussuchen würden. Dann ernannte sie Kostümbildnerinnen und Bühnenbildner.

Ich überlegte, wen ich wohl für die einzelnen Rollen ausgesucht hätte, wenn ich für die Besetzung zuständig gewesen wäre.

Deanna musste das Schneewittchen sein. Sie war wunderschön und sah genauso aus wie das Schneewittchen in dem Film.

Für die Rolle des Jägers, der Schneewittchen in den Wald bringen musste, kam eigentlich nur Verlin in Frage. Der Jäger war wirklich groß und breit, und Verlin war der Größte und Kräftigste aus der Klasse.

Desta musste die böse Königin spielen. Desta war umwerfend hübsch und hatte eine Warze auf der Nase, die richtig praktisch war, wenn sie sich in die böse Hexe verwandelte.

Mein Zwillingsbruder Lynn hatte diverse Allergien und musste ständig niesen, also konnte er gut den Zwerg Hatschi spielen. Jeder wusste, dass Fesser Arzt werden wollte, also würde er natürlich die Rolle des Doktors übernehmen.

Virgil ging nachts auf die Jagd und schlief deshalb oft im Unterricht ein, also konnte er Schlafmütze spielen.

Junior grinste eigentlich ständig und war deshalb für die Rolle von Zwerg Grinsebacke wie geschaffen. John hatte mit dem ganzen Theaterspielen so gar nichts im Sinn, also war er der perfekte Zwerg Nörgli.

Und natürlich überlegte ich auch, welche Rolle ich wohl in dem Stück übernehmen könnte. Na klar, die des Prinzen natürlich. Das lag doch auf der Hand. Wer sonst hätte der Prinz sein sollen? Da kam nur ich infrage.

Ich fing an, vor den Mädchen, die für das Casting zuständig waren, zu posieren und anzugeben, indem ich ihnen meine Muskeln zeigte, mein Profil und sie dabei mit meinem strahlendsten Lächeln bedachte. Ich sorgte dafür, dass ich immer in ihrem Blickfeld war, damit sie sehen konnten, dass außer mir niemand für die Rolle des Prinzen infrage kam.

Schließlich kam der Tag, an dem Frau Reid die Verteilung der Rollen für das Stück bekannt gab. Als Erste wurde Deanna für die Rolle des Schneewittchen benannt. Aber das war ja sowieso klar gewesen.

Als nächste Rolle wurde die des Jägers vergeben. Wie erwartet, bekam der große Verlin sie.

Dann wurde Desta als Königin bzw. Hexe genannt. Auch klar, denn sie war wirklich schön – na ja, und dann die Sache mit der Warze.

Dann rief Frau Reid meinen Zwillingsbruder auf und teilte ihm die Rolle von Zwerg Hatschi zu, die er wirklich seinen Allergien zu verdanken hatte.

Wie zu erwarten, bekam Fesser die Rolle des Arztes und danach wurde Junior die Rolle von Zwerg Grinsebacke zugeteilt. John bekam erwartungsgemäß die Rolle des Nörgli. Das war doch alles ganz klar gewesen. Junior hatte ein Dauergrinsen auf dem Gesicht und John sah immer finster drein.

Dann wurde ich nach vorn gerufen. Es waren nur noch wenige Rollen übrig, von denen eine die des Prinzen war.

Ausgeschlossen, dass jemand anders den Prinzen spielen konnte!

Frau Reid verkündete, dass die Entscheidung für die Besetzung der nächsten Rolle einstimmig gewesen sei. Die Mädchen, die für das Casting zuständig waren, meinten, dass ich nicht einmal zu schauspielern, sondern einfach nur ich selbst zu sein bräuchte. Ich wartete gespannt, und dann verkündete Frau Reid der Klasse: „Leon, du bekommst die Rolle von … Zwerg Tollpatsch!"

Ich war am Boden zerstört. Da hält man sich selbst für den Prinzen und wird von anderen als Zwerg Tollpatsch eingeschätzt, als der stumme, gutmütige, ewig grinsende und tollpatschige Zwerg – unfassbar!

Inzwischen habe ich eine Enkelin, die Allison heißt. Seit dem letzten Jahr geht sie in die Vorschule. Meine Frau holt sie nachmittags von dort ab, und dann ist die Kleine bei uns, bis ihre Eltern sie nach der Arbeit bei uns abholen.

Manchmal stehle ich mich von der Arbeit davon und gehe früher nach Hause, damit ich noch ein bisschen Zeit mit ihr verbringen kann, bevor sie abgeholt wird. An einem dieser Tage fragte sie: „Buddy, guckst du dir einen Film mit mir an?"

„Klar, Allison." Wir gingen ins Wohnzimmer und sie legte eine Kassette in den Videorekorder. Als „Schneewittchen und die sieben Zwerge" auf dem Bildschirm erschien, merkte ich, dass es genau der Film war, nach dem wir damals in der fünften Klasse das Theaterstück aufgeführt hatten.

Ich legte meinen Arm um Allison, damit sie keine Angst bekam, wenn die schöne Königin sich in eine Hexe verwandelte. Allison hatte den Film schon mehrmals gesehen und sang ein paar der Lieder von Schneewittchen mit. Sie war sehr beeindruckt von mir, als ich die Lieder der Zwerge konnte.

Als der Film zu Ende war, fragte ich Allison: „Wenn wir die Rollen aus dem Film verteilen würden, welche Rolle würdest du dann spielen?"

Sie antwortete: „Das ist doch klar, Buddy. Ich würde Schneewittchen spielen."

„Und welche Rolle würde ich bekommen?", fragte ich weiter. Und sie sagte: „Das ist auch klar. Natürlich den Prinzen."

Es hatte also fast fünfzig Jahre gedauert, bis ich für die richtige Rolle besetzt wurde.

Ihre schlichten Worte erinnerten mich daran, dass etwas, was wir sagen, ein Leben verändern kann. Manchmal beurteilen die Leute jemanden so, dass er sich am Ende wie Zwerg Tollpatsch fühlt, und er nimmt diese Rolle an, obwohl er in Wirklichkeit der Prinz sein könnte – wenn ihm das doch nur jemand gesagt hätte!

Rückblickend stelle ich fest, dass keines der Mädchen, die damals in der fünften Klasse die Rollen verteilten, im wirklichen Leben beruflich etwas mit Casting zu tun haben. Aber ich glaube, dass Sie irgendwann im Abspann eines großen Filmes lesen werden: Casting – Allison Overbay.

Wir sehen in den Spiegel und
konzentrieren uns auf unsere Fehler,
aber wenn Gott uns durch seinen
Spiegel der Gnade anschaut,
sieht er einfach nur sein geliebtes Kind.
Michelle Cox

Lieber Gott,
danke, dass du mich trotz meiner Fehler und Schwächen
liebst. Wenn ich mutlos bin, dann erinnere mich bitte da-
ran, dass ich für dich wertvoll bin. Mach mich zu einem
Ermutiger. Hilf mir, andere mit deinen Augen zu sehen, und
nutze meine Worte, um sie daran zu erinnern, dass sie für
dich so wertvoll sind, dass du deinen einzigen Sohn für sie
hergegeben hast.
Amen.

Lisas Hände

Vicki Smith mit Michelle Cox

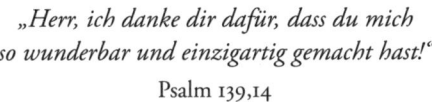

„Herr, ich danke dir dafür, dass du mich
so wunderbar und einzigartig gemacht hast!"
Psalm 139,14

Die Stimmung in der bis auf den letzten Platz gefüllten riesigen Arena war wie elektrisiert, als die Teilnehmerinnen des „Women of Faith"-Kongresses Gott anbeteten. Die Musikgruppe Avalon betrat die Bühne, zusammen mit einer jungen Frau namens Lisa Smith, die die Lieder in Gebärdensprache begleitete. Ich stand eingezwängt auf einer der Emporen der riesigen Halle und konnte aus dieser Höhe die Leute auf der Bühne etwa ameisengroß sehen. Als dann die Lieder die Halle erfüllten, übersetzte Lisa sie in Bilder und hüpfte dabei förmlich vor Begeisterung. Ich wandte mich an meine Freundin: „Also das nenn ich mal Freude im Herrn."

Darauf antwortete meine Freundin ganz still: „Hast du ihr Gesicht gesehen? Sie hat Trisomie 21 – das Down-Syndrom."

Jetzt schaute ich etwas genauer auf die riesigen Monitore in der Mitte der Halle. Ja, die typischen Merkmale des Down-Syndroms waren deutlich zu erkennen, aber sie wurden völlig überlagert von Lisas Liebe zu Gott, die ihr Gesicht erstrahlen ließ.

Mir kamen die Tränen, während sie begeistert die Worte der Liebe und Treue Gottes in Gebärden übersetzte. Lisa war schätzungsweise dreißig Jahre alt, und als ich sie an diesem Tag beobachtete, drängte sich mir die Frage auf, was man wohl Lisas Eltern am Tag ihrer Geburt gesagt hatte ... Bald sprach ich mit ihrer Mutter.

Es war das Jahr 1975 und Vicki war erleichtert, dass sich das Ende ihrer Schwangerschaft näherte. Nach drei Fehlgeburten war es ein echtes Geschenk, wie normal diese Schwangerschaft verlaufen war.

Schließlich kam der große Tag und bei Vicki setzten die Wehen ein. Als sie im Krankenhaus ankam, wurde sie sofort an einen Wehenschreiber angeschlossen, der auch die Herztöne des Babys aufzeichnete. Als sie irgendwann merkte, dass keine Herztöne des Babys mehr zu hören waren, wurde sie sofort für einen Notkaiserschnitt vorbereitet.

Durch die Narkose bekam Vicki erst einmal eine Zeit lang nichts mit. Als sie dann langsam wieder zu sich kam, war ihre erste Frage: „Ist das Baby gesund?"

Ihr Mann antwortete still: „Die Ärzte sagen, dass sie zwar nicht geistig behindert ist, aber sie glauben, dass sie entwicklungsverzögert sein könnte."

„Und was bedeutet das?"

„Das weiß ich auch nicht so genau."

Im Laufe des Tages waren die frisch gebackenen Eltern ein bisschen irritiert über das seltsame Verhalten des Krankenhauspersonals. Man schien ihnen irgendwie auszuweichen.

Die Schwestern brachten das Baby der anderen Mutter, lachten und sprachen mit ihr. Als sie Vicki dann Lisa brachten, legten sie ihr das Baby nur wortlos in den Arm.

Kurz bevor Vicki aus dem Krankenhaus entlassen werden sollte, kam noch einmal ein Arzt in ihr Zimmer und fragte:

„Sind Sie ganz sicher, dass Sie das Baby mit nach Hause nehmen wollen?"

Vicki war irritiert. „Was soll das denn heißen? Ich werde dieses Krankenhaus auf keinen Fall ohne sie verlassen."

Eine Woche später musste Vicki noch einmal in die Klinik, weil die Fäden von der Kaiserschnittnaht gezogen werden sollten. Wieder schien das Krankenhauspersonal ihr auszuweichen. Vicki fragte den Arzt: „Wieso benehmen sich die Mitarbeiter eigentlich so merkwürdig?"

„Wir glauben, dass Ihr Baby vielleicht das Down-Syndrom haben könnte."

Vicki war wie vom Donner gerührt. „Aber für mich sieht sie ganz normal aus! Wie kommen Sie denn darauf?"

„Nun, es gibt ein paar Anzeichen – sie hat einen gebogenen kleinen Finger, im Nacken mehr Fettgewebe als gewöhnlich und ihre Augen sind leicht geschlitzt. Wenn sie vier Wochen alt ist, können wir im Albany Medical Center einen Chromosomentest vornehmen lassen. Innerhalb der nächsten vier Wochen haben Sie dann das Ergebnis."

Vicki hatte acht Wochen Zeit, um mit ihrem Baby eine Bindung aufzubauen, zu genießen, wie süß sie war, mit ihr zu kuscheln und ihre winzig kleinen Zehen zu küssen. Acht Wochen, um sich Hals über Kopf in dieses kleine Wesen zu verlieben, das Gott ihr anvertraut hatte.

Am Ende der zwei Monate klingelte dann das Telefon und die Stimme am anderen Ende der Leitung sagte: „Die Ergebnisse liegen jetzt vor. Ihr Baby hat Trisomie 21."

Vicki erinnert sich noch, wie sie sich damals bedankt hat. Was hätte sie auch sonst tun sollen? Dann erzählte sie es ihrem

Mann und sie weinten zusammen. Beide fragten sich voller Kummer, was diese Diagnose wohl für das kleine Wesen bedeuten mochte, das sie inzwischen schon so fest in ihr Herz geschlossen hatten. Und dann sprachen sie beide denselben Gedanken aus. „Ganz egal. Wir haben ein Baby, das unsere Liebe braucht."

Vicki fing an, alles über Trisomie 21 zu lesen, was sie auftreiben konnte. In der Schwangerschaft hatte sie ein Jahresabo einer Erziehungszeitschrift geschenkt bekommen. In jeder Ausgabe wurden die einzelnen Entwicklungsschritte bei Babys beschrieben, und das spornte die unbedingte, entschlossene Liebe dieser Mutter noch an und bewirkte etwas. Ein paar Monate bevor der jeweils vorgesehene Entwicklungsschritt fällig war, fing Vicki an, mit Lisa an jeder einzelnen Fertigkeit bzw. Fähigkeit zu arbeiten, indem sie ihr Anregungen bot und mit ihr übte.

Fest entschlossen, dass ihre Tochter alle erdenklichen Chancen bekommen sollte, ging sie mit ihr zur Physiotherapie und zur Beschäftigungstherapie, mit erstaunlichen Resultaten. Mit fünfzehn Monaten hatte Lisa bereits einen Wortschatz von fünfzehn Wörtern, und das einzige Gebiet, auf dem sie in ihrer Entwicklung ein wenig zurücklag, war das Laufen.

In den ersten achtzehn Lebensmonaten erkrankte Lisa viermal an Lungenentzündung, woraufhin die Familie von New York nach Dallas zog, in der Hoffnung, dass der Klimawechsel der Kleinen guttun würde. Ein paar Monate nach dem Umzug wurde Lisas Schwester Lori geboren, und Lisa bekam dadurch eine Spielkameradin und ein Vorbild, dem sie nacheifern konnte.

In Dallas gingen Vicki und die Mädchen in eine Gemeinde, und ein paar Monate nach ihrem ersten Besuch ging Vicki im Gottesdienst den Mittelgang der Kirche nach vorn, um Jesus als ihren Erlöser anzunehmen. Sie lernte den Gott kennen, der ihre Stärke, ihr Versorger und ihr Tröster war.

Und Gott sorgte für alles, was sie brauchte, indem er Menschen in Lisas Leben stellte, die sie förderten und sie herausforderten, ihre Möglichkeiten ganz auszuschöpfen.

In einem Gottesdienst an einem Sonntagmorgen im Juli 2000 sang Lisa so von Herzen die Chorusse mit und begleitete ihren Gesang durch ein paar Zeichen der Gebärdensprache, dass ein älteres Ehepaar zu Tränen gerührt war, wie unbefangen Lisa ihre Liebe zu Gott zum Ausdruck brachte.

Durch diesen Vorfall angeregt, fragte Vicki sich, ob es Lisa vielleicht Spaß machen würde, Musik und Lieder in Gebärdensprache zu übertragen. Sie fragte deshalb ihre Freundin Marla, die Lehrerin für Gebärdensprache an einer Schule war, ob sie ihrer Tochter vielleicht beibringen könnte, ein Lied in Gebärdensprache zu begleiten.

Marla bat Lisa, sich dazu ein Lied auszusuchen, und fing dann an, ihr den Chorus beizubringen. Sie zeigte ihr, wie sie die Worte schreiben konnte. Dann schlug sie mit ihr zusammen die entsprechenden Gebärden im Handbuch der Gebärdensprache auf und schrieb über das Wort jeweils die Seitenzahl der Seite, auf dem die Gebärde beschrieben und abgebildet war.

Kurz darauf musste Marla für zwei Wochen verreisen und gab Lisa für die Zwischenzeit die Aufgabe, den angefangenen Chorus zu üben. Lisa brauchte dazu ganze zwei Tage. Weil sie danach unbedingt weiterlernen wollte, bearbeiteten sie und Vicki den restlichen Text. Bis zum Ende der Woche hatte Lisa das gesamte Lied gelernt.

Weil Vicki gern wissen wollte, ob Lisa auch wirklich richtig lernte, rief sie Marla an und fragte, wann sie Zeit hätte, sich das Lied einmal von Lisa vorsingen zu lassen. Marla war völlig verblüfft über das, was sie dann erlebte. „Ich glaube, du hast das noch gar nicht richtig begriffen, Vicki. Das ist wirklich eine Gabe von Gott. Ich habe in meiner Klasse Schüler, die seit über einem Jahr Unterricht bei mir haben und noch kein einziges Lied vollständig in Gebärdensprache begleiten können."

Als die Familie eines Abends Gäste hatte, führte Lisa zum ersten Mal etwas auf. Alle Anwesenden waren sehr berührt von dem, was Lisa zeigte, und eine Freundin fragte, ob Lisa nicht einmal bei einem Frauenkongress ein Lied singen könne.

Es wurde ein Termin vereinbart und dann sang Lisa in Gebärdensprache vor 700 Frauen, bekam ihren ersten begeisterten Applaus und sogar Standing Ovations, sowie eine Einladung, bei einem Anbetungsgottesdienst mit über 1500 Teilnehmern die Lieder in Gebärdensprache zu begleiten. Ihr Vortrag war so von ihrer inneren Freude erfüllt, dass das Lied den Zuhörerinnen ganz neu lebendig wurde.

Lisas Heldin war die Musikerin Sandi Patty, und eines Tages sagte sie zu ihrer Mutter: „Ich möchte sie so gerne in Gebärdensprache begleiten."

Weil Vicki ihrer Tochter eine Enttäuschung ersparen wollte – in der Überzeugung, dass es nie zu einem gemeinsamen Auftritt kommen würde – antwortete Vicki: „Bete doch einfach dafür, Lisa. Sandi ist eine berühmte Sängerin und sie kann nicht mit jedem zusammen auftreten, der sich das wünscht."

Ein paar Jahre später saßen Vicki und Lisa in einem Konzert von Sandi Patty in der zweiten Reihe. Eine gemeinsame Bekannte hatte Sandi per E-Mail von Lisa erzählt, und etwa in der Mitte des Konzerts bedeutete die Sängerin Lisa durch ein Zeichen, zu ihr auf die Bühne zu kommen.

Lisa war unglaublich aufgeregt, als Sandi sie fragte, ob sie zwei bestimmte Lieder kenne. Lisa hatte inzwischen bereits

125 Lieder in Gebärdensprache gelernt, die meisten davon stammten von Sandi. Natürlich kannte sie die beiden Titel.

Sandi stellte sich in die Mitte der Bühne, und dann lobten sie Gott zu zweit, wobei Sandis herrliche Stimme den Konzertsaal erfüllte und Lisas tief empfundene Darstellung die Herzen aller Anwesenden tief berührte.

Seit dem Tag ist Lisa schon oft mit Sandi zusammen aufgetreten, sogar schon im Fernsehen. Sie hat Avalon, Larnelle Harris, Kathy Troccoli und Bebe Winans in Gebärdensprache begleitet und war auf vielen „Women of Faith"-Konferenzen dabei.

1975 hatten die Ärzte gesagt: „Geben Sie sie lieber in ein Heim. Aus ihr wird nie etwas werden."

Im Jahr 2006 saß ich dann in der Menge bei einer „Women of Faith"-Konferenz, und ich konnte fast akustisch hören, wie Gott sagte: „Nicht *dieses* Kind. Ich habe etwas mit der Kleinen vor. Ich werde sie auf eine Bühne stellen und für mich strahlen lassen. Ich werde durch ihre ansteckende Freude die Herzen Tausender Menschen berühren, während ihre Hände Worte zu meinem Lob darstellen."

Und genau das hat Gott getan.

Unsere größte Einschränkung tritt dann auf,
wenn wir unsere Fähigkeiten und unsere Bereitschaft
nicht Gott zur Verfügung stellen.

Michelle Cox

Lieber Gott,

danke für deine Treue. Ich bin froh, dass du größer bist als meine Probleme und dass nichts dich überrascht. Bitte erinnere mich daran, dir zu vertrauen, wenn ich mit schwierigen Situationen konfrontiert werde, in der Gewissheit, dass du in allem genügst. Hilf mir, mein Leben so zu leben, dass du dadurch verherrlicht wirst.

Amen.

Die To-Do-Liste der Liebe

Diane Reilly

„Ihr Mann kann sich auf sie verlassen,
sie bewahrt und vergrößert seinen Besitz."
Sprüche 31,11

Wir waren eine Zeit lang verreist gewesen und nach unserer Rückkehr rief ich bei einer lieben Freundin an, um mich bei ihr zu erkundigen, was es Neues gäbe. Als ich sie fragte, was sie denn in der Zwischenzeit so gemacht hätte, antwortete sie: „Ach, ich habe nur meinen Mann geliebt."

Meine erste spontane Reaktion war der Gedanke: *Und was noch?* Aber dann merkte ich nach und nach, wie mich ihre Aussage innerlich angestoßen hatte. Mir wurde bewusst, dass ich zwar viel Gutes tat, aber ganz sicher meinen Mann Robert nicht so liebte, wie ich ihn lieben sollte.

Ich war so beschäftigt mit all den Punkten auf meinen diversen To-do-Listen, dass ich immer auf der Suche nach Möglichkeiten war, meinen Mann, der bereits im Ruhestand war, zu beschäftigen. Dann hatte ich Zeit und Freiraum, um die wirklich wichtigen Dinge zu tun.

Ich sagte den Leuten immer, Gott stünde an erster Stelle in meinem Leben und meine nächste Priorität sei mein Mann.

Aber war das wirklich so? Gott begann, mir auf unterschiedliche Weise zu zeigen, wie ich meinem Mann ganz praktisch Respekt zeigen, auf seine Bedürfnisse achten und ihn wirklich ehren konnte.

Ich fing an, mich für das jeweilige Buch zu interessieren, das er gerade las, oder ich fragte, ob er Lust hätte, einen bestimmten Film im Kino anzuschauen oder was er sonst gern unternehmen würde.

Ich legte auch ein paar schlechte Angewohnheiten ab, wie beispielsweise einen tiefen Seufzer auszustoßen, wenn er etwas vergessen hatte, nur mit einem Ohr hinzuhören, wenn er eine Frage oder Bitte hatte, oder mich aufzuregen, wenn er wieder einmal vergessen hatte, seine schmutzige Wäsche in den dafür vorgesehenen Korb zu werfen.

Ich habe in der Bibel gelesen, dass wir Gott nicht mehr lieben können als wir unseren Mann lieben, und ich habe festgestellt, dass ich auch nach zweiundvierzig Ehejahren immer noch viel zu lernen habe.

Ich habe Robert jetzt wirklich zu meiner Priorität gemacht, und ich merke, wie er sich immer mehr entspannt und wie seine Freude zurückkehrt. Ich merke, wie Ängste bei ihm weichen, wenn wir zusammen beten.

Ich lerne seine Sprachen der Liebe – Berührungen und ermutigende Worte. Alle Punkte auf meiner To-do-Liste bekommen ihren angemessenen Stellenwert, und wenn mich das nächste Mal jemand fragt, was ich so gemacht habe, dann werde ich sagen: „Ach, ich habe nur meinen Mann geliebt ..."

Ironischerweise war die besagte Reise, von der wir zurückkamen, ein Besuch bei einem alten Studienkollegen gewesen, der unheilbar an einem Gehirntumor erkrankt war. Dadurch wurde uns allen wieder sehr bewusst, dass jeder gemeinsame

Tag ein kostbares Geschenk ist. Was wir mit dem Tag dann anfangen, ist unser Geschenk an andere – und an Gott. Ich möchte den Rest meines Lebens das Geschenk genießen, „meinen Mann zu lieben".

❖

Das Seltsame an der Liebe ist, dass sie jedes Mal,
wenn wir sie weggeben,
wie ein Bumerang zu uns zurückkommt.
Michelle Cox

❖

Lieber Gott,
danke für diesen besonderen Menschen, den du mir geschenkt hast. Hilf mir, mit meinem Verhalten deine Freundlichkeit weiterzugeben, die du mir gezeigt hast. Schenk mir Freude daran, mich um meinen Ehepartner und unser Zuhause zu kümmern, und lass meine Worte eine Ermutigung für ihn sein, die sein Leben mit Liebe erfüllt.
Amen.

Ein Mutmachanruf

Der Anruf geht schnell, ist einfach und macht oft viel Spaß. Weil die meisten Menschen aber sehr beschäftigt sind, machen Sie sich darauf gefasst, dass Sie Ihre Mutmachbotschaft unter Umständen auf einen Anrufbeantworter sprechen müssen.

Ein Mutmachanruf ist eine hervorragende Art, jemandem mitzuteilen, dass man sich für ihn interessiert, an ihn denkt und für ihn betet. Vergessen Sie dabei nicht, dass nur Ihre Stimme zu hören ist. Achten Sie also darauf, dass man das Lächeln in Ihrer Stimme hört. Vermitteln Sie Zuversicht, und machen Sie es nicht kompliziert. Wenn es angebracht ist, sagen Sie, womit Sie gerne praktisch helfen würden. Vielleicht kochen Sie ein leckeres Essen, kaufen Lebensmittel ein oder passen einen Nachmittag lang auf die Kinder auf. Oder Sie bringen einfach einen Blumenstrauß vorbei. Sagen Sie nur Dinge, die Sie wirklich meinen, und tun Sie dann, was Sie gesagt haben. Auf diese Weise helfen Sie der Person am anderen Ende der Leitung, ihre Lasten zu tragen.

Guter Rat ...

Charles Hughes

„Höre auf guten Rat, und nimm Ermahnung an,
damit du endlich weise wirst!"
Sprüche 19,20

Die Stimme am anderen Ende der Leitung überschlug sich beinahe vor Begeisterung. „Professor Hughes! Carlton Hughes! Das ist ja verrückt – erst gestern habe ich über Sie gesprochen!"

Ich hatte Haley, eine ehemalige Studentin von mir, angerufen, weil ich sie für die Morgenandacht an der christlichen Schule meines Sohnes einplanen wollte. Jetzt war ich neugierig, weshalb sie über mich gesprochen hatte.

„Ich habe mit einer Freundin über eine schwere Entscheidung geredet, vor der sie gerade steht", sagte Haley. „Ich habe ihr denselben Rat gegeben, den ich einmal von Ihnen bekommen habe."

Rat? Ich konnte mich nicht daran erinnern, Haley jemals einen Rat gegeben zu haben.

Temperamentvoll und voller Lebensfreude war Haley aus einer großen Stadt an unsere kleine Uni auf dem Land gekommen. Sie wollte unbedingt der Großstadthektik entfliehen und ihre Ausbildung in einem ruhigeren Umfeld zu Ende bringen. Nun wohnte sie bei ihrer Tante und ihrer Großmutter, die angefangen hatten, sie sonntags mit in den Gottesdienst zu nehmen.

Weil Haley regelmäßig zur Kirche ging, nahm sie an, dass sie jetzt automatisch auch Christin war. Also trat sie der christlichen Studentengruppe bei, die ich damals mit leitete.

Wir urteilten nicht über sie und versuchten auch nicht, sie zu bekehren – wir hatten sie einfach nur lieb und bezogen sie ein. Sie erwies sich als eine junge Frau, die auf der Suche war und mehr über Gott erfahren wollte. Irgendwann nahm sie dann Jesus als ihren Herrn an und ihre Kommilitonen und ich freuten uns darüber sehr.

Kurz darauf befreundete sie sich mit einem netten jungen Mann, der ebenfalls Christ war. Sie heirateten und machten beide ihren Abschluss, um Lehrer zu werden – Haley an der Grundschule, ihr Mann in der Oberstufe. Beide fanden auch gleich eine Stelle bei uns vor Ort.

Ich hatte sie in den Jahren nach ihrem Examen ab und zu getroffen, meist zufällig, zum Beispiel im Supermarkt.

Haley war eine entschlossene Person mit einem starken Willen. Ich konnte mich absolut nicht daran erinnern, *ihr* jemals einen lebensverändernden Rat gegeben zu haben.

„Welchen Rat?", fragte ich deshalb nach.

Sie berichtete, dass sie bei unserer letzten Begegnung gerade eine kleine Tochter bekommen hatte und jetzt überlegte, den Beruf aufzugeben, um zu Hause bei ihrem Kind zu sein. Sie hatte sich auf der Stelle in ihr süßes Baby verliebt und konnte sich einfach nicht mehr vorstellen, das Kind nicht selbst zu versorgen.

Ihr war allerdings ein bisschen bange bei der Vorstellung,

den Beruf erst einmal aufzugeben. Denn eine solche Entscheidung hätte bedeutet, dass die Hälfte des bisherigen Familieneinkommens wegfallen würde – ganz zu schweigen von der Frage, was dann aus ihrer Arbeit mit Aufstiegsgarantie werden würde.

„Und an diesem Punkt haben Sie dann die Worte zu mir gesagt, die mein Leben verändert haben."

Welche Worte?!?

„Sie haben gesagt, dass Gott mein Opfer würdigen würde", sagte sie. „Ich halte mich seitdem an diese Worte."

Wow. Das hatte ich wirklich gesagt?

Und dann erinnerte ich mich langsam wieder an das Gespräch. Ich hatte Haley erzählt, dass meine Frau und ich nach der Geburt unseres zweiten Sohnes gemeinsam entschieden hatten, dass es besser sei, wenn sie zu Hause bei den Kindern bliebe. Es sei zwar nicht einfach gewesen für uns – denn wir hätten auch unsere liebe Mühe mit den Finanzen und anderen Problemen gehabt. Aber Gott hätte unser Opfer für die Kinder gewürdigt.

Als der richtige Zeitpunkt gekommen war und unsere Söhne beide zur Schule gingen, öffnete Gott meiner Frau nämlich eine Tür in Form einer Stelle an der Schule, die auch unsere Kinder besuchten. Es war ein Job, in dem sie ihre Fähigkeiten und Gaben einsetzen konnte und trotzdem in der Nähe der Kinder war.

Ja, und jetzt erinnerte ich mich auch wieder vage daran, dass ich am Ende dieser Begegnung vor vielen Jahren zu Haley gesagt hatte: „Gott wird auch Ihr Opfer würdigen."

Haley berichtete, dass eine ihrer Freundinnen kürzlich eine sichere Stelle in der Stadt aufgegeben hätte, um hier bei uns auf dem Land zu arbeiten, und dass diese Freundin – genau wie Haley damals – jetzt Zweifel an ihrer Entscheidung hätte. Haley hatte der Freundin genau das gesagt, was ich ihr vor langer Zeit in einer ganz ähnlichen Situation geraten hatte. Für die Freundin war der Rat sehr tröstlich und hilfreich gewesen.

An dieser Stelle des Gespräches bedankte Haley sich überschwänglich bei mir für die weisen Worte, die ich ihr damals mit auf den Weg gegeben hatte – Worte, an die ich mich nicht einmal mehr richtig hatte erinnern können.

Ich bedankte mich bei ihr und vereinbarte dann den Termin für die Morgenandacht in der Schule. Ich wusste, dass sie und ihr Mann jahrelang ehrenamtlich in der Jugendgruppe der Gemeinde mitgearbeitet hatten, und außerdem erinnerte ich mich daran, dass sie eine Redebegabung hatte. Deshalb war ich gespannt darauf, eine Andacht von ihr zu hören.

Als ich den Hörer auflegte, war ich überwältigt von der Tatsache, dass Gott tatsächlich meine Worte benutzt hatte, um jemanden anzusprechen, und dass diese Person dann wiederum zum Segen für einen anderen Menschen geworden war.

Was für ein Wunder – und was für eine Verantwortung! Wie oft hatte ich schon unbedachte Dinge gesagt. Wie oft hatte ich Worte im Scherz gesagt, Worte, die vielleicht andere verletzt hatten, statt ihnen gut zu tun und heilend zu wirken.

Ich dankte dem Herrn dafür, dass er mich gebraucht, tat Buße für alles, was ich anderen an verletzenden Worten gesagt hatte, und bat ihn um seine Hilfe dabei, mehr Worte weiterzugeben, die Hoffnung und Heilung bringen.

Guter Rat ist unbezahlbar.
Guiseppe Mazzini

Lieber Gott,
danke für jeden Menschen, der mir einen weisen Rat gegeben
hat, als ich es brauchte. Gib mir Weisheit, den Menschen
in meinem Umfeld zu helfen, die ihr Leben nach deinem
Willen und Plan leben möchten. Bewahre mich davor, un-
bedachte Worte zu sagen und dadurch andere zu verletzen,
statt zu heilen.
Lass meine Worte anderen zum Segen werden.
Amen.

Ein warmes Willkommen!

Jane Ardelean

> *„Fällt gerechte Urteile! Geht liebevoll und barmherzig*
> *miteinander um!"*
> Sacharja 7,9

Es war schwer zu glauben, dass dies der letzte Tag meines Berufslebens als Lehrerin war. Ich dachte an die fünfunddreißig Jahre zurück, die ich an christlichen Schulen, Missionsschulen und zuletzt an öffentlichen Schulen gearbeitet hatte. Meine derzeitige Meute von Viertklässlern und auch viele ehemalige Schüler kamen an diesem Tag zu mir ins Klassenzimmer mit guten Wünschen, Blumen, Süßigkeiten, einer Steppdecke und vielen herzlichen Umarmungen, um sich zu verabschieden.

Es war auch der letzte Tag vor den Sommerferien – Zeugnistag –, und ich war sehr traurig, als am Ende ein Zeugnis auf meinem Schreibtisch liegen geblieben war. Alle Kinder hatten ihr Versetzungszeugnis abgeholt. Alle außer Tyler.

Zu Beginn des Schuljahres hatte mich der Schulleiter gefragt, ob Tyler vielleicht morgens eine Stunde in meiner Klasse verbringen könnte. Der Sonderpädagoge, der ihn sonst unterrichte, wolle gern ausprobieren, ob das autistische Kind auch in einer „normalen" Klasse zurechtkäme. Er wünschte sich, dass Tyler die Kameradschaft in einer Klassengemeinschaft wenigstens kennenlernte. Ich war einverstanden. „Wir werden ihn herzlich willkommen heißen."

Der Schulleiter warnte allerdings: „Der Junge kann es nicht aushalten, wenn ihn jemand berührt." Schon von Geburt an hatte ihm vor Körperkontakt gegraut, und wenn ihn jemand berührte, gab er ein lautes Knurren von sich. Als meine Schüler alle da waren, erzählte ich ihnen von dem neuen Mitschüler, der am nächsten Morgen zu uns stoßen sollte, und erklärte ihnen, dass Tyler wahrscheinlich ziemlich aufgeregt sein würde.

Ich hatte eine Idee, wie wir ihm den Einstieg in die Klassengemeinschaft erleichtern könnten. „Wie wäre es, wenn wir ihm jeder eine besondere Karte basteln? Denn er hat morgen Geburtstag."

Wie viele Jungen in seinem Alter, war Tyler ein absoluter Fan von allem, was mit „Star Wars" zu tun hatte.

Die Kinder zeichneten Bilder und kauften Spielzeug, und das alles legten wir dann auf Tylers Platz. Außerdem erklärte ich meinen Schülern, dass sie Tyler nicht anfassen sollten, weil er das nicht möge. „Seid bitte sehr freundlich zu ihm und gebt ihm das Gefühl, dass er bei uns willkommen ist." Ich machte ihnen Mut, anderen Schülern der Schule darin ein Vorbild zu sein, und sie nahmen sich meine Worte tatsächlich zu Herzen.

Tyler, der für sein Alter ziemlich groß war, kam in Begleitung seines Vaters in die Klasse, in der ihm alle fremd waren.

„Willkommen in unserer Klasse", sagte ich. Als er sah, dass an seinem Platz ein Berg voller „Star-Wars"-Karten und Spielzeug lag, untersuchte er seine Schätze und nahm vorsichtig Platz.

Im Laufe der Zeit begann ich, Tylers wunderschöne kreative Bauwerke zu bewundern, die er aus Bauklötzen errichtete. Eines Tages tätschelte ich ihm den Rücken und sagte: „Das hast du toll gemacht, Tyler!"

Ich war erschrocken über meine eigene Kühnheit und fragte mich, ob er mich wohl anknurren würde. Aber es passierte nichts dergleichen, sondern er baute einfach weiter. Als er sich in der Klasse richtig eingelebt hatte, gab er sogar hin und wieder ein, zwei laute Worte von sich.

Er fühlte sich willkommen. Er fühlte sich sicher. Das lag zum Teil auch daran, dass zwei Jungen aus der Klasse seine Freunde und Beschützer wurden. Wenn er in den Kunst- oder den Musikraum musste, dann eskortierten die beiden ihn wie Bodyguards. Tatsache war aber auch, dass durch ihn die ganze Klasse etwas lernte.

Und jetzt wurde an diesem letzten Tag meines letzten Schuljahres dieses eine Zeugnis nicht abgeholt. Wahrscheinlich würde das Sekretariat ihm das Zeugnis zuschicken.

Ich hätte mich so gern von Tyler verabschiedet, aber er kam nicht.

Schließlich war alles zusammengepackt und ich wollte nach all den Jahren zum letzten Mal den Klassenraum verlassen und abschließen.

„Sehen Sie mal, wer hier kommt!", hörte ich plötzlich die tiefe Stimme von Tylers Vater. Sein Sohn stand neben ihm in der Tür.

Ich sah den Mann an und sagte: „Tyler in der Klasse haben zu dürfen, war für uns alle ein großes Privileg." Und zu Tyler: „Hattest du ein gutes Schuljahr?"

Ein lautes, deutliches: „Ja-ha", kam prompt als Antwort, begleitet von nachdrücklichem Kopfnicken.

„Tyler, würdest du mich zum Abschied umarmen?" Ich hielt den Atem an und wartete. Ganz langsam öffnete Tyler die Arme und drückte mich dann fest.

Und auf dem ganzen Heimweg hörte ich Gottes ermutigende Worte: „Gut gemacht, Jane. Die Umarmung war von mir."

„Ein warmes Willkommen wird im Herzen gebraut."
Michelle Cox

Lieber Gott,
ich bin dankbar, dass ich bei dir immer willkommen bin.
Bitte erinnere mich daran, dass in meiner Umgebung Menschen sind, die verletzt oder einsam sind. Menschen, die sich ungeliebt fühlen. Hilf mir, deine Liebe und dein Mitgefühl weiterzugeben an diejenigen, die die Worte „Du bist willkommen" so dringend brauchen.
Amen.

Der Obdachlose

Virginia Chatman

„Gott ist Liebe, und wer in dieser Liebe bleibt,
der bleibt in Gott und Gott in ihm."

1. Johannes 4,16

Ich bin in Miami, Florida aufgewachsen. Als ich sechzehn war, fing ich ernsthaft an, nach Antworten auf die schwierigen Fragen des Lebens zu suchen. Meine Mutter hatte einmal gesagt, dass das machtvollste Buch der Welt die Bibel sei. Deshalb beschloss ich, es als Erstes damit zu versuchen.

Wieso lebte ich überhaupt? Was würde nach meinem Tod mit mir passieren?

Aus irgendeinem Grund fing ich mit meiner Suche bei Hiob an. Das deprimierte mich allerdings so sehr, dass ich lieber das Johannesevangelium aufschlug. Und da geschah ein Wunder. Die Worte, die ich dort las, veränderten mich. Mein Denken wurde völlig umgekrempelt, als mir klar wurde, dass Jesus die einzige Antwort auf die Fragen des Lebens ist. Ich kniete neben meinem Bett nieder und nahm ihn als meinen Erlöser an.

Als ich dann um die zwanzig war, forderte mein Pastor mich heraus, mein Leben ganz und gar Jesus zur Verfügung zu stellen. Und der einzige Weg, Jesus besser kennenzulernen, bestand darin, die Bibel kennenzulernen. Seine Worte veranlassten mich, aktiv zu werden.

Ich verstand sehr wenig von der Bibel, aber ich wollte unbedingt Jesus näherkommen. Meine Gebete drehten sich darum, dass ich nach dem Willen Gottes fragte und dann versuchte, diesen Willen auch zu tun. Ich wollte das tun, was er wollte.

Einige Zeit später schrieb ich mich im Miami Bible College ein. Ich wollte unbedingt Jesus so kennenlernen, wie er in der Bibel offenbart wird.

Morgens hatte ich Unterricht und nachmittags jobbte ich in der Innenstadt von Miami, um meinen Lebensunterhalt zu verdienen. Obwohl ich viel arbeitete, war ich von einer tiefen inneren Freude über das erfüllt, was ich lernte. Aber wie es wohl jedem Christen irgendwann geht, zeigte mein Glaube nach einer Weile auch Ermüdungserscheinungen.

Ich fragte: „Jesus, liebst du mich?"

Diese Frage verfolgte mich förmlich. Wie konnte ich so etwas nur denken? Ich erinnerte mich selbst daran, dass er am Kreuz für mich gestorben war und an alles, was er für mich getan hatte. Das half zwar, reichte aber nicht.

Schließlich flehte ich ihn an: „Bitte, sag einfach zu mir ‚Ich liebe dich'!" Ich brauchte – wünschte mir – diese Worte von ihm. Dann schwieg ich und hörte hin.

Ich hatte in dieser Zeit kein eigenes Auto und fuhr deshalb oft mit dem Bus. Wenn ich zur Arbeit fuhr, musste ich immer einmal umsteigen und hatte dabei zwei Möglichkeiten. Eine der Umsteigestationen war in einer „guten" Gegend der Stadt, die andere in einer richtig üblen. Das war auch der Grund, weshalb ich mich meistens für die erste Möglichkeit entschied und die zweite lieber mied. Mir war nie wohl dabei, wenn ich dort die müden, verzweifelten Gesichter sah.

Eines Tages hatte ich nicht aufgepasst und stieg versehentlich zum Umsteigen an der falschen Haltestelle aus. Ich bekam richtig Angst und betete, dass Gott mich bitte beschützen möge. Denn es war allgemein bekannt, dass in diesem Viertel schon etliche Morde verübt worden waren. Ganz allein in der Menge, setzte ich mich auf eine Bank, um auf den Anschlussbus zu warten. „Bitte, Gott, mach mich doch unsichtbar!", bat ich.

Ich betete, dass niemand mich bemerken oder sich gar neben mich setzen möge. Die Antwort auf mein Gebet kam sofort in Gestalt eines völlig abgerissenen Obdachlosen, der sich neben mir niederließ. Er sah zerlumpt aus und roch streng nach langen Zeiten ohne Dusche und Deo.

Natürlich betete ich als Nächstes, dass er mich bitte nicht ansprechen, sondern einfach in Ruhe lassen möge.

Während diese Bitte noch himmelwärts unterwegs war, sprach er mich schon an. Und dann ließ er mich einfach nicht in Ruhe. Ich wollte nicht grob werden. Aber ich hatte keinerlei Bedürfnis, mich mit ihm zu unterhalten, und auf keinen Fall wollte ich, dass er merkte, wie viel Angst ich hatte.

Aber er ließ sich einfach nicht ignorieren. Schließlich wandte er sich ganz direkt an mich und sagte: „Gott möchte dir etwas sagen."

Was um alles in der Welt jetzt wohl kommen mochte? Neugierig geworden, wartete ich ab.

„Gott möchte, dass du weißt, dass er dich liebt."

„Was haben Sie gesagt?" Ich hatte es gehört, konnte es aber einfach nicht glauben.

„Gott liebt dich." Er sprach ganz klar und deutlich – und es gab keinen Zweifel, dass er mich meinte.

Egal, ob er ein Mensch war oder ein Engel, seine Worte

waren ein Geschenk. Bevor ich mich bei ihm bedanken konnte, kam schon mein Bus. Zitternd hastete ich hin und stieg ein.

Gottes Bote hatte mich getroffen, hatte mir den Frieden geschenkt, nach dem ich mich so sehnte, und zwar an dem Ort, an dem ich mich so einsam und allein und so voller Angst fühlte wie nirgends sonst.

Inzwischen bin ich schon im Ruhestand und es gibt in meinem Leben unzählige Beispiele für Gottes Treue. Manchmal, wenn Freunde von ihren Zukunftsängsten erzählen, gerate ich in Versuchung, in ihr Klagelied einzustimmen. Aber dann denke ich an den heruntergekommenen Mann an der Bushaltestelle. Und erinnere mich an den Gott, der das letzte Wort hat.

Die Liebe Gottes hat mehr Weite
als das Denken der Menschen.
Frederick W. Faber

Lieber Gott,
ich bin dankbar, dass du ein pünktlicher Gott bist. Du
kennst meine Bedürfnisse und gibst mir das, was ich brau-
che, und zwar genau dann, wenn ich es brauche. Danke für
deinen Frieden und deine Treue. Ich bin froh, dass du jeden
Bereich meines Lebens im Blick hast.
Amen.

Wenn wenig viel ist

Michelle Cox

„Ich segne sie und mache das Land rund um den Tempelberg
fruchtbar. Zur rechten Zeit lasse ich Regen fallen."
Hesekiel 34,26

Mein Mann und ich haben ein paar Jahre lang in der Singlearbeit unserer Gemeinde mitgearbeitet. Wir waren alle hellauf begeistert, als wir die Chance bekamen, mit einer Gruppe zu einem missionarischen Kurzeinsatz in Costa Rica zu reisen.

Nachdem wir monatelang Geld gesammelt und uns auf die Reise vorbereitet hatten, waren alle gespannt und aufgeregt, als wir schließlich in San José landeten. Auf der Fahrt vom Flughafen zum Missionshaus gab es viel Gelächter, während die Gruppe den chaotischen Straßenverkehr mit Hupen, halsbrecherischen Spurwechseln und Unmengen von Mopeds dazwischen beobachtete.

Unser Bus verließ die belebte Innenstadt und kam in eine ruhigere Gegend, wo die Häuser von hohen, mit Stacheldraht versehenen Mauern umgeben waren. Im Laufe der folgenden paar Tage wurden noch weitere kulturelle Unterschiede deutlich. Zu jeder Mahlzeit bekamen wir Reis und Bohnen zu essen

– auch zum Frühstück! – sowie unbekannte Obst- und Gemüsesorten.

Unsere Gastgeber hatten die Woche sorgfältig geplant und für eine ausgewogene Mischung aus Arbeit und Urlaub gesorgt. Es gab viele „Aaahs" und „Ooohs", als wir durch die üppige Schönheit des Regenwaldes fuhren, eine Kaffeeplantage besichtigten und einen Ausbruch des Vulkans Arenal vor dem tiefen Dunkelblau des Nachthimmels miterlebten.

Die Reise durch Costa Rica zeigte uns ein Land mit spektakulären Wasserfällen und einer unglaublich bunten tropischen Blumenpracht. Auf einer Bootsfahrt auf dem Rio Sarapiqui bekamen wir Krokodile zu sehen, die sich am Ufer sonnten, und Affen, die sich von Baum zu Baum schwangen.

Bei einem Ausflug zu einem Restaurant auf einem Berggipfel hatten wir einen wunderschönen Panoramablick auf das nächtlich beleuchtete San José – und ein Bild dafür, dass Millionen von Menschen auf das Licht von Gottes Botschaft warten.

Am Ende der Woche hatte unsere Gruppe aber auch viel geschafft. Wir hatten eine Bodenplatte für ein Freizeitheim gegossen, in einer Kirche Beleuchtung und Deckenventilatoren installiert, die Räume für die Sonntagsschule gestrichen und Kirchenbänke für den Gottesdienstraum gezimmert.

Und wir hatten uns in die Menschen in Costa Rica „verliebt", besonders in die Kinder mit ihren wunderschönen Augen und dem scheuen, aber ansteckenden Lächeln.

Unsere Gruppe erlebte viele anrührende Momente. Zum Beispiel beim Besuch eines Altenheims, wo wir eine Frau kennenlernten, deren Mann sie jahrelang in einen Schrank gesperrt hatte. Aufgrund von Mangelernährung hatte sie den Körperbau und die Körpergröße eines kleinen Kindes.

Wir weinten in einem Waisenhaus, wo wir ein Puppenspiel

aufführten und den Kindern Spielzeug schenkten – Kindern, die keine Eltern hatten, niemanden, der sie umarmte und sie tröstete, wenn sie Kummer hatten.

Unser letztes Projekt in der Woche war der Bau eines kleinen Wellblechhauses für eine Flüchtlingsfamilie, die ihr Haus durch einen Erdrutsch verloren hatte. Ein paar der Männer waren schon sehr früh morgens losgezogen, um alles für das Arbeitsteam vorzubereiten. Die übrigen von uns füllten Plastiktüten mit Trockenmüsli, um es den Kindern in der Nachbarschaft der Baustelle zu schenken. Dann packten wir noch eine Kühltasche mit Sachen für den Mittagsimbiss.

In dem Bus, der uns zur Baustelle brachte, wurde rege geplaudert und viel gelacht. Als wir in den von großer Armut geprägten Ort kamen, verstummten die Gespräche jedoch abrupt. Keiner von uns hatte so etwas je erlebt.

Ein schmutziges, vermülltes Rinnsal plätscherte den Berg hinunter. Hunderte winziger Hütten klebten am Hügel, jedes von ihnen wie ein Flickenteppich aus unterschiedlichen Materialien: von Reklameschildern über Plastikplanen bis hin zu alten, rostigen Autoteilen. Durch die hohe Luftfeuchtigkeit wurde der Geruch, der über allem hing, noch verstärkt.

Der Bauplatz für das neue Wellblechhaus grenzte an die Notunterkunft, in der die Familie Garcia zurzeit vorübergehend wohnte. Als ich an meinem Mann vorbeiging, der Material zur Baustelle schleppte, bemerkte ich, dass er weinte.

„Siehst du den kleinen Jungen da drüben? Er hat keine Schuhe. Es gibt hier kein Abwassersystem, keine sanitären Anlagen, und er geht barfuß auf dem fäkalienverseuchten Boden. Geh doch mal rein und sieh dir an, wie die Familie im Moment lebt."

Die Baracke war aus Holzpaletten und Blechresten gebaut;

der Fußboden bestand aus gestampfter Erde. In den Wänden waren gähnende Löcher, und wenn es regnete, strömte von allen Seiten das Wasser herein. Die irdischen Besitztümer der Familie bestanden aus ein paar wackeligen Stühlen, einem alten Gitterbettchen und einem altersschwachen kleinen Tisch. Die Familie aß in Schichten, weil es nicht so viel Geschirr gab, dass alle gemeinsam essen konnten.

Uns wurde klar, wie wenig diese Familie besaß – und wie selbstverständlich es für uns war, viel zu haben. Ein paar Leute aus unserer Gruppe bereiteten Sandwiches zu, und dann versammelte sich das ganze Team in der winzigen Hütte zum Essen. Carlos Garcia dankte allen dafür, dass sie gekommen waren, um zu helfen. Und dann sagte er inmitten all der Armut und des Elends die Worte, die ich nie vergessen werde. „Gott, ich danke dir dafür, wie du meine Familie segnest. Du bist so gut zu uns."

Sein ernsthaftes Gebet rührte jeden im Raum zutiefst an. Ich hörte gedämpftes Schniefen um mich her. Dieser Mann, der so gut wie gar nichts besaß, hatte etwas entdeckt, an das sich die meisten von uns leider nicht erinnern – dass wenig viel ist, wenn Gott dabei ist. Ihm war klar, dass er reich war, weil Gott in seinem Leben war.

Danach arbeitete das Team den ganzen Nachmittag mit noch mehr Eifer, fest entschlossen, der Familie ein wasserdichtes Zuhause zurückzulassen, wenn wir uns wieder auf den Heimweg machten.

Als wir an diesem Abend die Baustelle verließen, konnten wir es gar nicht erwarten, einkaufen zu gehen. Nach unserer Ankunft bei dem großen Importladen schwärmten die Teilnehmer der Gruppe aus, um all das zusammenzusuchen, was sie kaufen wollten. Es herrschte ein Gewimmel wie in einem Ameisenhaufen.

Schon bald waren mehrere Einkaufswagen hoch beladen mit Handtüchern, Geschirr, Töpfen, Pfannen und Bettzeug für die neuen Etagenbetten, die wir gebaut hatten. Wir kauften so lange ein, bis uns absolut nichts mehr einfiel, was die Familie noch brauchen könnte.

Die Gesichter strahlten in freudiger Erwartung, als sie alle ihre Portemonnaies zückten und sich darüber unterhielten, was die Familie Garcia wohl zu dieser Überraschung sagen würde.

Als das Haus am nächsten Tag fertiggestellt war, überhäuften wir die Familie dann mit Liebe und Geschenken – unter anderem so viel Geschirr, dass jetzt alle zusammen essen konnten. Ich glaube nicht, dass irgendjemand von uns schon einmal so viel Spaß gehabt hatte!

Wir waren nach Costa Rica gekommen in der Erwartung, das Leben von Menschen zu verändern. Stattdessen wurde *unser* Leben verändert. Denn als wir nach Hause kamen, war uns bewusst, wie reich beschenkt wir eigentlich waren – immer noch die Worte von Carlos Garcia im Ohr, der gebetet hatte: „Gott, ich danke dir dafür, wie du meine Familie segnest. Du bist so gut zu uns." Und das ist wirklich wahr.

Unser Alltag würde sich drastisch verändern,
wenn wir eine Haltung der Dankbarkeit einnähmen.
Michelle Cox

Lieber Gott,

danke, dass du mein Leben so reich segnest. Gib mir eine dankbare Haltung und ein mitfühlendes Herz, das andere nährt und fördert. Danke für deine Treue. Ich danke dir dafür, dass du meine Familie segnest. Du bist so gut zu uns. Amen.

Die Top 10 Sätze, die Sie zu Ihren Kindern sagen sollten:

Ich hab dich lieb.
Du bist ein Schatz, den Gott mir geschenkt hat.
Ich bin so froh, dass es dich gibt.
Versuch es … du schaffst das!
Ich glaube an dich.
Du bist mein Sonnenschein.
Mach dir keine Sorgen. Ich bin immer für dich da.
Ich freue mich über dich.
Jesus hat dich lieb.
Ich bete für dich.

Opas kleiner Schatz

Sharon E. Carrns

„Nun habe ich alles, was ich brauche, ja, mehr als das!"
Philipper 4,18

Als ich sechs Jahre alt war, nahm sich mein Vater das Leben. Ich habe wenig schöne Erinnerungen an die kurze gemeinsame Zeit, die wir hatten, und ich wuchs ohne eine Vorstellung davon auf, was es bedeutet, einen Vater zu haben.

Mein Vater kam als Alkoholiker aus dem Koreakrieg zurück und war nie länger als drei Monate am Stück zu Hause. Die übrige Zeit verbrachte er im Veteranenkrankenhaus.

Das Geld war immer knapp und wir mussten ständig umziehen. Manchmal nahmen wir unser Hab und Gut mit, manchmal ließen wir auch alles zurück.

Meine Mutter schaffte es nicht allein, uns mit allem zu versorgen, was wir brauchten, obwohl sie einen Vollzeitjob hatte.

Manchmal litt sie an Asthma. Als sie deshalb wieder einmal ins Krankenhaus musste, ging mein Vater in betrunkenem Zustand mit mir zu einem Haus, wo wildfremde Leute wohnten, klingelte an der Haustür und sagte: „Meine Frau ist im Krankenhaus und ich kann mich nicht mehr um dieses Baby hier kümmern."

Das Ehepaar rief im Krankenhaus an, erklärte, was los war, und fragte nach, ob es dort eine Patientin gäbe, die eine kleine blonde Tochter hätte. Sie fanden meine Mutter und riefen meine Großeltern an – die ich Omilein und Opachen nannte. Und dann kam ich an den einzigen Ort, der für mich Sicherheit bedeutete: der Bauernhof.

Im Laufe der folgenden Jahre fuhr meine Mutter oft mehrere Stunden mit dem Auto Richtung Norden, um meinen Bruder und mich auf den Bauernhof meines Großvaters im nördlichen Wisconsin zu bringen, damit sich meine Großeltern um uns kümmern konnten. Das große alte Bauernhaus bedeutete für mich Geborgenheit und Sicherheit, und ich fühlte mich dort so sicher und geborgen wie in den Armen meiner Großmutter oder auf dem Klappsofa in dem Zimmer direkt neben der Küche.

Ganz früh morgens, wenn die Sonne in die Küche schien, machte meine Großmutter den Gasofen an und begann, für Opa das Frühstück zu machen, während er noch die Stallarbeit zu Ende brachte. Der starke Geruch der Schwefelzündhölzer vermischte sich mit dem Duft von frisch gebratenem Speck und heißen Buttermilchbrötchen, und wenn ich aufwachte, war der Morgen erfüllt mit Liebe und Sicherheit.

Opa kam dann bald die Treppe zum Haus heraufgepoltert. Die Fliegengittertür fiel laut zu. Pfeifend wusch er sich vor dem Frühstück noch. Meistens lachte er und sang irgendwelche Lieder, deren Texte er sich beim Singen ausdachte.

Dann kletterte ich begeistert auf seinen Schoß, woraufhin er vor Freude den Kopf zurückwarf und lachend ausrief: „Jawoll, das ist Opas kleiner Schatz!" Und dann kitzelte er mich mit seinem Schnurrbart und ich versank in einer Flut von Gekitzel und Küsschen auf den Nacken.

Als mein Bruder und ich etwas älter waren, verbrachten wir ganze Sommer auf Opas Bauernhof. Jedes Mal, wenn ich wieder dort hinkam, umgab mich das Gefühl, geliebt und wertgeschätzt zu sein, wie eine herzliche Umarmung.

Der gute Mann, der meine ganze Kindheit hindurch eine Vaterfigur für mich gewesen ist, hat meinem Leben ein Fundament gegeben. Er war Gottes Versorger für mich, und zwar so lange, bis meine Mutter den Mann heiratete, der mein Vater wurde.

Dann war ich erwachsen, und mit dem Erwachsenwerden kamen eine aufgelöste Verlobung, eine zerbrochene Ehe und eine gebrochene Frau. In den schwersten Zeiten machte ich mich auf den Weg nach Hause, in die Sicherheit des Bauernhofs.

Denn trotz all der Verletzungen, die ich durch die kaputte Kindheit davongetragen hatte, hörte ich tief in meinem Herzen Worte, die mich daran erinnerten, dass ich schön und liebenswert war.

Seelsorger sagen oft, dass es schwierig ist, sich einen liebenden Gott vorzustellen, wenn man keinen liebenden menschlichen Vater erlebt hat. Als dann der Tag kam, an dem ich mit meinem himmlischen Vater bekannt gemacht wurde, konnte ich glauben, dass ich sein Baby war, geliebt und wertgeschätzt – gebrochen zwar, aber mit der Chance, wieder ganz heil zu werden – weil ich zuerst Opas kleiner Schatz gewesen war.

❖

Was für eine Verantwortung,
der irdische Stellvertreter des himmlischen Vaters zu sein.
Michelle Cox

❖

Lieber Gott,

leite mich in meiner Rolle und Aufgabe als Vater. Lass mein Kind dich in mir sehen. Hilf mir, dem kleinen Wesen, das du mir anvertraut hast, ein liebevolles und behütetes Umfeld zu bieten. Erinnere mich immer wieder daran, dass meine Worte verletzen oder ermutigen können.

Amen.

Ein Anruf mit Folgen

Pat Gelsinger

„Nehmt Belehrung an und weist sie nicht zurück, werdet vernünftig!"
Sprüche 8,33

Im Jahr 1985 befand sich die Entwicklung des Mikroprozessors 80386 von Intel in der Endphase, und ich hatte eine Präsentation vor dem höheren Management vor mir. Ich hatte mich in der Firma vom Techniker zum Ingenieur hochgearbeitet. Doch meine Position war in der Firmenhierarchie noch relativ weit unten.

Ich hatte zwar ein paar Techniker unter mir, gewann an Glaubwürdigkeit und wurde zunehmend mit verantwortungsvollen Aufgaben im Entwicklungsteam betraut, aber im höheren Management war mein Name völlig unbekannt.

Zu diesem Zeitpunkt war ich direkt für den Tape-Out-Prozess des 80386 verantwortlich. So wird der allerletzte Schritt des vier bis fünf Jahre dauernden Entwicklungsprozesses bezeichnet, bevor die erste Version in die Produktion geht. Durch diesen Tape-Out-Prozess soll festgestellt werden, ob all die Transistoren, an denen wir jahrelang mit viel Glück und guter Vorbereitung und Innovation gearbeitet haben, auch wirklich so funktionieren, wie wir uns das gedacht haben.

Die Kernaussage meiner Präsentation bestand darin: Wegen permanenter schwerwiegender Probleme mit unseren Computersystemen lauerte am Horizont die Katastrophe! Es bestand durchaus die Möglichkeit, dass wir diesen Chip nie auf den Markt bringen würden. Das sorgte für große Unruhe und Meinungsverschiedenheiten im Konferenzraum. Aber ich blieb bei meinen Zahlen und Fakten und der Erklärung, dass wir unbedingt sofort diese Angelegenheit mit unserem Großrechnerzulieferer klären müssten, wenn wir das Problem beheben wollten.

Ungefähr eine Woche nach dieser Präsentation hatte ich mich gemütlich in meinem Büro eingeigelt und arbeitete intensiv an einem bestimmten Abschnitt des Chips. Völlig versunken in meine eigene kleine Welt von Problemen, Ideen und Entwicklungsfragen hätte neben mir eine Bombe einschlagen müssen, um mich in die Gegenwart zurückzuholen. Stattdessen klingelte das Telefon.

Mir war absolut nicht nach einer Störung und ich ärgerte mich darüber, dass es penetrant weiterklingelte. Irgendwann ging ich dann schließlich doch an den Apparat und sagte merklich verärgert und ungeduldig: „Ja, wer ist denn da?"

„Andy", kam die Antwort in einer angenehmen Baritonstimme.

Woraufhin ich mir große Mühe gab, den Ärger in meinem Tonfall noch ein bisschen deutlicher zum Ausdruck zu bringen, indem ich in den Hörer schnauzte: „Andy *wer*?"

Die Antwort kam sofort: „Andy Grove."

Ich wäre am liebsten auf der Stelle gestorben. Es war kein anderer als *der* Andy Grove am Apparat – ein Flüchtling aus Ungarn, der mit absolut nichts in den Vereinigten Staaten angekommen und inzwischen zu *der* Ikone der High-Tech-Industrie avanciert war. Einer der Firmengründer und inzwischen Firmenpräsident von Intel. Er war der designierte Firmenchef, später Vorstandsvorsitzender, vom Time Magazine zum Mann des Jahres gewählt. Bekannt für seine harten, penetranten Fragen, einer der bekanntesten, meist ausgezeichneten und gefürchtetsten Menschen der gesamten High-Tech-Branche. Wahrscheinlich stand er in der Firmenhierarchie mindestens zehn Stufen über mir, einem absolut Unbekannten bei Intel. Und jetzt rief er mich an!

Noch nie war mir etwas so peinlich gewesen wie dieser Augenblick. Aber Andy schien nicht abgeschreckt, sondern sagte, dass ihn meine Präsentation neulich beeindruckt habe. Er wollte einfach wissen, wie ich mir meine weitere Karriere in der Firma vorstelle.

Nach einer eher lahmen Antwort meinerseits fing er an, mich mit Fragen zu bombardieren: „Welche Ziele haben Sie? Was lesen Sie gerade? Womit beschäftigen Sie sich fachlich? Wie stellen Sie sich Ihren nächsten Aufgabenbereich vor?"

Ich war völlig durcheinander und kaum in der Lage, auch nur einen vollständigen Satz – geschweige denn sachliche Antworten auf seine Fragen – herauszubringen. Nach ein paar pointierten Fragen seinerseits und schwachen Antworten meinerseits sagte Andy: „Das sind lausige Antworten. Kommen Sie innerhalb der nächsten zwei Wochen mit besseren zu mir in mein Büro."

Was meine Antworten anging, hatte er recht. Sein Anruf hatte mich überrascht und erschreckt, und ich war auf das Fragenbombardement völlig unvorbereitet gewesen. Außer „Ingenieur zu sein" hatte ich mir noch keine weiteren Gedanken darüber gemacht, was ich eigentlich sonst noch erreichen wollte.

Zwei Wochen später vereinbarte ich einen Termin und ging zaudernd in Andys Büro, um meine Karriere und Entwicklungsziele mit ihm zu besprechen. So begann eine spontane Mentorenbeziehung, die bis heute andauert. Er ist inzwischen im Vorruhestand und hat bei Intel Beraterstatus, und ich bin mittlerweile Vizepräsident des Konzerns.

Wenn ich persönliche Schwächen oder Probleme bei mir feststellte oder fachliche Probleme hatte, fand er immer ein Zeitfenster für mich in seinem Terminkalender. Er sah meinen Eifer und ließ mich bereitwillig an seinem Erfahrungsreichtum, seinen Ideen und seinem Fachwissen teilhaben. Unter anderem machte er mir immer wieder Mut, mehr und umfassender zu lesen und meine Karriereziele zu konkretisieren.

Bis heute sage ich noch „Wow", wenn ich an diesen überraschenden Anruf denke.

Andy griff damals in der Firmenhierarchie ein paar Etagen nach unten und tippte mir auf die Schulter. Und das, obwohl er als Präsident der Firma unglaublich beschäftigt war und von vielen anderen vielversprechenden, fähigen Leuten umgeben war. Er kritisierte mich und hinterfragte meine Einstellung, aber sein Interesse an meiner Karriere motivierte mich auch, und ich hörte auf seinen Rat. Es kam zwar vor, dass ich seine Kommentare infrage stellte, aber ich tat sie nie einfach ab. Seine Worte damals: „Welche Ziele haben Sie?", haben zweifellos den Verlauf meiner Karriere und meines Lebens verändert.

Gottes Führung besteht darin,
dass er Durchschnittsmenschen zeigt,
wie sie Überdurchschnittliches tun können.

John D. Rockefeller

Lieber Gott,
hilf mir, ein Leiter zu sein, der andere zu dir führt.
Mach mich zu einem Menschen
mit Persönlichkeit und Integrität.
Gib mir ein Herz, das willig ist,
nach deinem Plan für mein Leben zu leben.
Lass meine Worte dazu dienen, andere zu ermutigen
und dazu herauszufordern, ihr Bestes zu geben.
Amen.

Eine tägliche Übung

S. Truett Cathy

Als ich noch zur Schule ging, belegte ich in der Oberstufe einen Kurs, der „Leben im Alltag" hieß. Der Lehrer hieß Herr Dean Dyer, und er stellte uns das Buch „Denk nach und werde reich" von Napoleon Hill vor. Dieses Buch und das, was Herr Dyer uns lehrte, gaben mir Sicherheit und Selbstvertrauen, und genau diese Ermutigung brauchte ich.

Jeder sollte jeden Tag jemanden ermutigen. Durch Herrn Dyers Anleitung habe ich gelernt, dass ich eine unglaubliche Menge von „Ich-würde-gern's" in die Tat umsetzen und dann die positiven Auswirkungen meines Erfolges genießen kann.

„Ermahnt und ermutigt einander immer wieder, solange jenes Heute gilt und Gott zu euch redet." (Hebräer 3,13)

Die neuen Schuhe

Leon Overbay

„Viele sogenannte Freunde schaden dir nur,
aber ein wirklicher Freund steht mehr zu dir als ein Bruder."
Sprüche 18,24

Es war im Jahr 1959. Damals spielten wir sonntagnachmittags immer auf einer Kuhwiese. Eine Horde Jungen und auch ein paar Mädchen im Alter zwischen ungefähr acht und vierzehn Jahren kam zusammen. Normalerweise waren wir so viele Spieler, dass es für zwei Mannschaften reichte.

Wir spielten so oft, dass das Wählen der Mannschaften schon ein eingespieltes Ritual war. Die beiden größten anwesenden Kids warfen einen Schläger hoch und griffen danach. Dann wurde Hand über Hand gelegt, und wessen Hand als letzte an den Griff des Schlägers passte, durfte mit dem Wählen beginnen.

Die beiden Mannschaftskapitäne wählten immer abwechselnd, bis alle Anwesenden auf die Teams verteilt waren. Wer mit dem Wählen anfing, leitete das Heimteam, der andere das Gastteam.

Die Werfer nahmen immer Rücksicht auf die Kleinsten und Unerfahrensten. Manchmal warfen sie sogar einen Ball von unten, damit er nicht so schnell wurde. Manchmal zählten wir es nicht, wenn ein Ball im Aus war, und schlugen den Ball so lange, bis alle eine Chance bekommen hatten. Dann wechselten wir die Seiten. Es gab keinerlei Feindseligkeit zwischen uns. Wenn der Ball in den Bach geschlagen wurde, zählte das automatisch als Home Run.

Das äußere Innenfeld mähten wir mit einem Handrasenmäher, das Gras im Außenfeld ließen wir einfach wachsen. Das hohe Gras machte den Ball langsamer, bevor er dann in den Bach rollte. Natürlich gab es überall Kuhfladen, aber wir waren Kinder vom Land. Wir bemerkten sie kaum.

Eddie war der Größte und Älteste und Stärkste von uns. Niemand war so verrückt, es sich mit ihm zu verderben. Aber er war auch ein gutmütiger Kerl, der niemandem etwas zuleide tat.

An jenem Tag spielte Eddie im Mittelfeld und Avery auf der linken Seite. Mein Bruder schlug einen langen Flugball, der weit über Averys Kopf flog und dann mitten im Bach landete.

Avery stand am Ufer und suchte den Bach nach dem Ball ab. Eddie ging zu ihm hin und blieb direkt hinter ihm stehen. Es war ein heißer Tag, und dann schubste Eddie Avery einfach in den Bach. Das kam im Sommer öfter vor, und wenn das passierte, landeten normalerweise alle irgendwann im Wasser. In der Regel fing Eddie an, und dann taten sich ein paar von uns zusammen und schubsten ihn hinein. Und am Ende sprangen auch die Übrigen noch ins Wasser. Dann hörten wir eben auf, Baseball zu spielen, und gingen schwimmen. Aber so war es an diesem Tag nicht.

Als Eddie Avery ins Wasser schubste, hatte er nämlich nicht gemerkt, dass Avery seine neuen Schuhe anhatte.

Im Sommer arbeiteten wir alle mit auf dem Feld und verdienten uns damit ordentlich Geld. Wenn wir dann unseren

Lohn ausgezahlt bekamen, legten wir einen Teil davon aufs Sparbuch und einen Teil gaben wir aus. Normalerweise feierten wir den Geldsegen, indem wir in den Supermarkt gingen und uns dort ein Eis oder eine Cola leisteten.

Avery war dreizehn und der jüngste Sohn einer großen Familie, in der alle als Erntehelfer arbeiteten. Wenn Avery ausgezahlt wurde, lieferte er jeden Penny bei seinen Eltern ab, und sie verwendeten das Geld dann für Medikamente, Lebensmittel, Kleidung für die ganze Familie, die Stromrechnung und Brennstoff für den Winter. Avery konnte kein Geld für sich behalten, nicht einmal ein paar Cent für ein Eis oder eine Cola.

Avery hatte monatelang für ein Paar neue Schuhe gespart. Die alten waren völlig durchgelaufen und kaputt gewesen und es war ihm richtig peinlich, sie immer noch tragen zu müssen. Am Ende hatte er sie ständig mit Klebeband und Zeitungspapier notdürftig flicken müssen.

Und dann endlich hatte er sich ein Paar neue Schuhe kaufen können. Ein gutes Paar Lederschuhe, die lange halten würden, wenn man sie pfleglich behandelte, und das würde er ganz sicher tun, weil er wusste, wie schwer es war und wie lange es dauerte, bis man so viel Geld zusammengespart hatte. Und eben diese Schuhe trug er an dem Tag, als Eddie ihn ins Wasser schubste.

Als Avery wieder auftauchte, wurde er fuchsteufelswild. Er war völlig außer sich und fing an zu schreien und zu toben. Als er das Ufer wieder erreicht hatte, ging er sofort auf Eddie los, boxte ihn und schrie: „Ich habe meine neuen Schuhe an! Wieso hast du nicht gewartet, bis ich meine Schuhe ausgezogen habe?"

Wir rechneten alle damit, dass Eddie ihn jetzt verprügeln würde. Auf keinen Fall würde er sich von Avery blamieren lassen, der ja viel kleiner und schwächer war als er. Wenn Avery Eddie schlug, dann war das so, als würde eine Kaulquappe einen Wal angreifen. Wir bildeten einen Kreis um die beiden, um zu sehen, was als Nächstes passieren würde.

Eddie, der Größte und Stärkste von uns, wuchs an diesem Tag über sich selbst hinaus. Er erkannte, wie verletzt Avery im Herzen war, und sah es in seinen Augen. Er nahm den Schmerz wahr, der sich bei Avery durch das Leben in Armut aufgestaut hatte. Jeder hatte mehr als Avery.

Avery hatte sich fast totgearbeitet, um zum Familienein-kommen beizutragen, und dann, als er endlich so viel zusam-mengespart hatte, dass er sich ein gutes Paar Schuhe kaufen konnte, hatte Eddie ihn in den Bach gestoßen.

Eddie schlug nicht zurück, sondern als Avery sich ausgetobt hatte, schnappte Eddie sich den Jungen und umarmte ihn. Und dann weinten sie beide.

Bobby zog sein Hemd aus, bat Avery, ihm seine Schuhe zu ge-ben, und trocknete sie mit seinem Hemd ab. Brenda ging nach Hause und holte Schuhcreme, eine Bürste und einen Lappen.

Jimmy sagte zu Avery, dass Leder immer ein bisschen feucht sein müsse, um einen besonders schönen Glanz beim Schuhe-putzen zu erreichen. Die Mädchen fingen an, die Schuhe zu polieren.

„Es tut mir leid", sagte Eddie. Avery nahm die Entschuldi-gung an und entschuldigte sich dann seinerseits dafür, dass er so wütend geworden war.

Wir saßen alle auf der Wiese um Avery herum. Für die Leute, die vorbeigingen, muss es seltsam ausgesehen haben, wie eine Horde Kinder im Kreis auf einer Kuhweide am Bach saß.

Einer der Jungen sagte: „Avery, wir bewundern dich für das, was du für deine Familie tust. Wir haben die ganze Zeit gewusst, wie schwer du es hast. Aber wir haben einfach nicht gewusst, wie wir es dir sagen sollen."

Und dann stimmten die anderen ein mit Sätzen wie: „Ja, wir sind stolz auf dich."

„Du bist uns wichtig, Avery."

Unsere einfachen Worte der Ermutigung waren Balsam für Averys Seele. Ein Teil seiner Frustration über die Armut in seiner Familie fiel von ihm ab. An diesem Tag wuchsen wir alle.

Und ich finde, dass Averys Schuhe danach noch besser aussahen als nagelneu!

❖

Es gibt nichts Besseres als die Ermutigung
eines guten Freundes.
Katherine Butler Hathaway

❖

Lieber Gott,
öffne mir die Augen für diejenigen in meinem Umfeld, die
Ermutigung brauchen. Bitte gib mir Mitgefühl für andere.
Mach mich zu einem guten Freund. Erinnere mich immer
wieder daran, dass andere die Worte brauchen, die in meinem Herzen sind. Danke für die Ermutigung, die du in dein
Wort gelegt hast.
Amen.

„Ich halte dich fest!"

Sue Moore

„Ladet alle eure Sorgen bei Gott ab, denn er sorgt für euch."
1. Petrus 5,7

D as Klingeln des Telefons reißt mich aus dem Schlaf. *Bitte nicht schon wieder, Herr! Geht es ihm gut?*

„Hallo Papa." Die Worte kommen ziemlich gequält, während mein noch schlaftrunkenes Hirn ganz langsam auf Touren kommt.

„Ich bin schon auf und startklar. Bist du auch schon auf?", fragt er.

Ich werfe mit zusammengekniffenen Augen einen Blick auf die Leuchtziffern meines Weckers. „Nein, es ist erst zwei Uhr morgens. Du kannst noch mal ins Bett gehen, Papa."

Jetzt klingt seine Stimme irritiert. „Ach, erst zwei Uhr morgens? Die sollen endlich aufhören, sich an meinen Uhren zu schaffen zu machen ..."

Bitte hilf mir, Herr, ihn zu beruhigen und ihm das Gefühl zu geben, dass alles in Ordnung und er in Sicherheit ist. „Ist schon gut, Papa. Macht ja nichts. Du kannst jetzt noch vier Stunden schlafen." Während ich versuche, meinen Vater dazu zu bewegen, wieder ins Bett zu gehen und zu schlafen, weiß ich schon jetzt, dass ich in den nächsten Stunden nicht wieder einschlafen werde, weil ich für ihn beten und Gott bitten werde, mir seine Kraft und Weisheit zu schenken, damit ich mich gut um meinen Vater kümmern kann.

Sich in der Uhrzeit vertun, unruhiger Schlaf, Verwirrung in Bezug auf die Tageszeit, das sind nur ein paar der zahlreichen Symptome von Alzheimer – der unheilbaren Krankheit, die Geist und Körper beherrscht, indem sie langsam das Gehirn zerstört. Mein Vater hat Halluzinationen und sein Kurzzeitgedächtnis funktioniert fast gar nicht mehr. Seine Gedanken befassen sich immer stärker mit der Vergangenheit und mit Menschen, mit denen er vor langer Zeit zu tun hatte.

Mein Vater hat große Mühe, die richtigen Worte zu finden, wenn er etwas sagen will. Seinen Wecker bezeichnete er vor Kurzem einmal als „dieses Ding, das man ein- und ausschaltet wie den Wasserhahn." Manchmal gibt er einfach auf, wenn er nicht die Worte findet, nach denen er sucht – Worte, nach denen er verzweifelt sucht, um über das zu sprechen, was er in seinen Gedanken immer noch klar sieht und sich bildlich vorstellen kann.

Wie andere Alzheimerpatienten auch, hat mein Vater Phasen, in denen er sein Zuhause nicht mehr wiedererkennt und deshalb seine Sachen packt und dann wartet, dass ich ihn abhole und „nach Hause" bringe.

Während ich für meinen Vater bete, bringe ich meine Fragen und meinen Schmerz vor Gott, um dort Trost zu bekommen. *Wie kann ich ihm helfen, Vater – wie kann ich ihn ehren? Was kann ich dafür tun, dass jeder Moment, den wir zusammen haben, schön für ihn ist, auch wenn es so weit kommt, dass er mich nicht mehr als seine Tochter erkennt? Was kann ich tun, um ihm zu helfen, wenn ihn der Frust und die Angst überwältigen,*

in einer Welt zu leben, die immer verwirrender, fremder und be-
drohlicher für ihn wird? Wann wird er mehr Fürsorge und Pflege
brauchen, als ich ihm geben kann?

Hilf mir, Herr, immer nur einen Tag nach dem anderen zu
leben und darauf zu vertrauen, dass du dich um das kümmerst,
was morgen ist. Gib mir deine Stärke und Weisheit und deine gött-
liche Liebe, damit ich Papa durch all das hindurchhelfen kann.
Tröste mich bitte, damit ich ihn trösten kann.

In dieser Zeit, in der ich meinen Vater bemuttere, erinnert
Gott mich an die Worte in Jeremia 13, wo der Prophet sagt,
dass Gott sein Volk so nahe bei sich hält wie ein Gürtel um die
Hüften gebunden wird. Ich klammere mich an Jesus, weil ich
weiß, dass er allein meine Hoffnung, meine Stärke und mein
großer Friede inmitten aller Unsicherheit und der Krankheit
meines Vaters ist. Genauso wie mein Vater sich an mich klammert, klammere ich mich so eng wie ein Gürtel an den Gott,
der uns leidenschaftlich liebt und die unbekannte Zukunft in
seiner Hand hält.

Ich erinnere mich, wie mein Vater seine Beziehung zu Jesus
gelebt hat und ihm nachgefolgt ist, als ich noch klein war.
Er hatte einen festen Glauben, und durch sein stilles Vorbild
merkte ich ganz deutlich, wie persönlich Gott für ihn war.
Mein Vater war ganz nah bei Gott und ich wiederum hielt
mich an Papas Hand fest – ging einfach an seiner Hand mit,
auch wenn ich nicht wusste, wohin der Weg führte. Denn ich
wusste: Bei ihm bin ich sicher und geliebt. Auf seine Fürsorge
kann ich mich verlassen.

Jetzt haben wir die Rollen getauscht. Mein Vater klammert
sich an mich und verlässt sich darauf, dass ich mich um *ihn*
kümmere. Und ich halte mich eng an meinen himmlischen
Vater, halte mich fest an seinen einfachen, tröstenden Worten,

vertraue darauf, dass er für uns beide sorgt, uns liebt und uns Sicherheit gibt. Er sagt: „Ich halte dich fest! Du brauchst keine Angst zu haben."

Ich halte mich fest an seiner Hand, weil ich weiß, dass Gott mit uns durch dieses finstere Tal geht. Er tröstet uns mit seiner Gegenwart und seiner Liebe, während wir uns an ihn klammern – und weil das so ist, ist alles gut.

❖

„Wenn man nichts mehr hat außer Gott ...
dann wird einem klar, dass Gott genügt."
A. Maude Royden

❖

Lieber Gott,
hilf mir, mich heute an dich zu klammern, um von dir Kraft und Trost zu bekommen. Lass mein Leben ein Beispiel deiner liebevollen Fürsorge sein. Lass meine Hände die Verlängerung deiner Hände sein, wenn ich den Menschen versorge, den ich liebe. Gib mir Geduld, wo ich sie brauche, nimm mir meine Ängste und hilf mir, daran zu denken, dass deine Gnade genug für all meine Bedürfnisse ist.
Amen.

Ein Ermutigungsbrief

Diese Kommunikationsform gehört zu den schwierigsten. Nicht, weil es so schwierig ist zu schreiben, sondern weil es oft so schwierig ist, sich auf die Person, der man schreibt, zu konzentrieren und gedanklich bei ihr zu bleiben.

In unserer hektischen Welt mögen wir zwar die besten Absichten haben, einem überforderten alleinerziehenden Vater Mut zu machen, oder der Mutter, die vier Kleinkinder versorgt, oder der Freundin, die ihren Mann verloren hat – aber dann fangen wir doch wieder an, unsere eigenen Geschichten zu erzählen und uns selbst zum Mittelpunkt des Briefes zu machen.

Stellen Sie sich die Person, der Sie schreiben, bildlich vor und schreiben Sie persönliche Anekdoten nur dann auf, wenn sie die andere Person aufbauen. Sagen Sie einer schwangeren Frau nicht, dass ihr das Traumatischste der ganzen Schwangerschaft noch bevorsteht, sondern schreiben Sie ihr, dass sie schon bald ihr wunderbares Baby im Arm halten wird. Sorgen Sie dafür, dass Ihre Ermutigung ermutigend bleibt ... und schauen Sie weg von sich selbst.

Fröhlicher Lärm

Joy Scarletta Ieron

„Kommt, lasst uns dem Herrn zujubeln!
Wir wollen ihn laut preisen, ihn, unseren mächtigen Retter!"
Psalm 95,1

Ich bin Musikerin. Aber ich bin keine Solistin. Ich weiß das. Und wenn Sie ich wären, würden Sie mir sofort recht geben. Eines Tages rief mich eine Freundin an, die mich als Keyboardspielerin aus der Gemeinde kannte. Sie fragte mich, ob ich Lust hätte, bei einer professionellen Tourneegesangsgruppe mitzumachen. Eigentlich wollte ich schon als Keyboarderin zusagen – aber dann verkündete sie: „Nein! Dein Part wäre die tiefe Altstimme!" Die Gruppe würde aus vier Sängerinnen bestehen – drei Sopranen – und *mir*.

Wir fingen an zu proben, und ich fühlte mich von Anfang an völlig unpassend und unfähig. Ich war von so wunderschönen Singstimmen umgeben, und dann war da ich als eine Art Nebelhorn. So kam es mir jedenfalls vor. Es fiel mir schwer, meinen Part zu lernen. Während der ersten Konzerte merkte ich, dass ich immer mit hängendem Kopf sang. Ich war traurig über meine Altstimme und fragte mich, ob ich wirklich ein so wichtiger Part in dieser Mischung war.

Als wir ein paar Monate lang zusammen gesungen hatten, ließ Mary, die Leiterin, einen professionellen Gesangscoach kommen, um unseren Sound noch zu verbessern und uns als Quartett weiterzubringen.

Nachdem die Gesangslehrerin bei unserer Probe zugehört hatte, war sie bereit, uns ihre Kritik mitzuteilen. Ich kann mich kaum noch erinnern, was sie zu den anderen sagte. Zu mir sagte sie jedenfalls: „Joy, deine tiefe Stimme trägt und stützt die Gruppe von unten. Genauso, wie die Bassstimme einen vierstimmigen Chor stützt. Halte deinen Kopf hoch und sing deinen Part leise, aber sicher."

„Ja, Joy", sagte ich mir. „Nimm den Nebelhornton zurück und sing leise. Aber sing stolz, weil Gott dir ein Geschenk gemacht hat, das vielleicht nicht so funkelt wie ein Sopran oder so viel Aufmerksamkeit bekommt wie die Leitstimme, das aber trotzdem unentbehrlich ist."

Ich nahm mir ihren Rat zu Herzen. Ich habe nur wenige Solos gesungen im Laufe der acht Jahre, während wir in zahlreichen Kirchen unterwegs waren und sogar im internationalen Fernsehen. Aber mein neu gefundenes Selbstvertrauen ermöglichte es mir, nach fast jedem Konzert die Einladung auszusprechen, Gott persönlich kennenzulernen.

Die schlichten Worte, die mir Mut gemacht hatten, bei meiner Aufgabe zu bleiben, bewirkten, dass ich unzählige Frauen (und auch Männer) mit dem Gott bekannt machen konnte, von dem wir sangen.

Ach ja, und als der Stimmcoach ein Jahr später noch einmal kam, sagte sie zu mir: „Siehst du, ich wusste, dass es in dir steckt!" Und ich glaube, da hatte sie recht.

❖

Nutze die Talente, die du hast. Die Wälder wären sehr still, wenn nur die begabtesten Vögel sängen.

Henry van Dyke

Lieber Gott,
bitte hilf mir, die Talente, die du mir geschenkt hast, wertzuschätzen und sie zu deiner Ehre zu gebrauchen. Ich danke dir, dass du mein Leben auf so vielerlei Weise segnest. Lass das fröhliche Lied in meinem Herzen übersprudeln in das Leben anderer Menschen.
Amen.

Der Besuch im Gefängnis

Kathi Macias

„Freut euch Tag für Tag, dass ihr zum Herrn gehört."
Philipper 4,4

Eines meiner wertvollsten Besitztümer – jedenfalls was Bücher betrifft – ist ein Buch mit dem Titel *Sitting by My Laughing Fire* („Als ich am lachenden Feuer saß") von Ruth Bell Graham. Ich liebe den Inhalt, aber ich betrachte das Buch in erster Linie deshalb als etwas ganz Besonderes, weil ich es von einem Insassen des berüchtigten Gefängnisses „San Quentin" bekommen habe.

Damals besuchte ich Häftlinge in San Quentin im Rahmen einer Gefängnisarbeit unserer Gemeinde. Ein Strafgefangener hörte, wie ich von meinen Kämpfen mit meinem jüngsten Sohn erzählte, der zum damaligen Zeitpunkt mein „verlorener Sohn" war. Der Mann wollte mir etwas geben, was mir wieder Mut machte. Aber weil er ja im Gefängnis saß, gab es kaum etwas Materielles, was er verschenken konnte.

Er wusste von Ruth Grahams Buch *Prodigals and Those Who Love Them* (Verlorene Söhne und die, die sie lieben), aber er besaß es nicht. Was er jedoch hatte, war das Buch *Sitting by My Laughing Fire*, das seine Mutter ihm kurz vor ihrem Tod geschenkt hatte. Er hatte es unzählige Male gelesen und sich dabei jedes Mal Notizen gemacht.

Er bestand darauf, dass ich das Buch annahm, und bat mich, immer darin zu lesen, wenn ich in Bezug auf meinen Sohn mutlos würde. „Ich hoffe, es erinnert Sie immer wieder daran, dass meine Mutter mich ins Reich Gottes hineingebetet hat. Und wenn Gott *mich* zu fassen bekommen hat, dann kann er jeden retten."

Mir kamen die Tränen, als ich an jenem Tag dastand und seinen zerlesenen, abgenutzten Schatz in der Hand hielt. Ich hatte Häftlinge im Gefängnis besucht, um sie zu inspirieren und zu ermutigen. Stattdessen bekam ich nun selbst ein unerwartetes Geschenk, indem Gott einen der Männer gebrauchte, um mich mit den ermutigenden Worten zu versorgen, die ich so nötig hatte, um weiter zu beten – und weiter zu hoffen – für meinen verlorenen Sohn.

Ich erinnere mich an die Gebete meiner Mutter, und sie sind mir überallhin gefolgt. Sie haben mein ganzes Leben lang an mir geklebt.

Abraham Lincoln

Lieber Gott,
danke, dass du auch an den dunkelsten Orten bei mir bist.
Du hältst mich fest, auch dann, wenn ich versuche, mich
zu verstecken. Bitte erfülle mich mit Hoffnung, auch wenn
ich manchmal Angst habe. Halte meine Kinder und Enkel
auf dem Weg, der zu dir führt – und zieh sie zu dir zurück,
wenn sie in die Irre gehen.
Amen.

Ein ungleiches Paar

Diane Jones

„Liebt eure Feinde und betet für alle, die euch verfolgen!"
Matthäus 5,44

In seinem Wort sagt Gott, dass ich meine Feinde lieben und für diejenigen beten soll, die mich verfolgen. Aber wer ist mein Feind? Der miesepetrige Nachbar, der meine Kinder anschreit? Der Autofahrer, der mir auf der Autobahn wild gestikuliert?

Als am 11. September 2001 der Anschlag auf das World Trade Center verübt wurde, hatte mein Feind plötzlich ein Gesicht. Die paar Männer, die diesen Anschlag geplant und durchgeführt hatten, standen für die Millionen von Menschen, die uns Amerikaner hassen. Menschen, die mich und meine Familie umbringen wollten. Und für die sollte ich beten?

Anderthalb Jahre später setzten mein Mann und ich unseren 19-jährigen Sohn in den Flieger zur militärischen Grundausbildung der US Army. Sein Ziel war es, sich vom Marinesoldaten zum FBI-Beamten hochzuarbeiten. Zu dem Zeitpunkt, als er sich für den Dienst in der Armee verpflichtete, führten die USA noch keinen Krieg gegen den Irak.

Doch dann änderte sich alles sehr schnell. Sein erster Einsatz nach der Grundausbildung war ein Kampfeinsatz in Fallujah, Irak. Während dieser Zeit beteten wir ununterbrochen. Weil ich Mutter bin, musste ich an die irakischen Mütter denken, die ihre Söhne in den Krieg schickten. Der Schmerz war überwältigend.

Ich betete, dass ein befreites irakisches Volk auch Freiheit von der Tyrannei im Herzen finden möge, denn nur so würden sie dem einen, wahren Gott dienen können. Aber ich hatte das Gefühl, dass Gott noch mehr von mir wollte.

Was ist es, Herr? Bitte sag es mir.

Im Herbst 2006 trafen mein Mann und ich uns mit einem Pastorenehepaar zum Essen. Sie leiteten eine Arbeit für Christen im Nahen Osten und wollten mit einer Gruppe zu dem weltweit einzigen christlichen Kongress für Frauen mit muslimischem Hintergrund reisen.

Für den Fall, dass ich mich entschloss, mitzufahren, würde ich in Jordanien Frauen helfen können: Wir wollten biblische Prinzipien zu Themen aus den Bereichen Ehe, Familie und Finanzen weitergeben – praktische Wahrheiten, die für Menschen auf der ganzen Welt gleichermaßen gültig sind. Über einhundert Frauen aus Dutzenden unterschiedlicher Länder, unter anderem aus dem Irak, wurden zu dem Kongress erwartet.

Gott stupste mich innerlich an. *War das meine Chance, ihm zu dienen? Ja, Herr!*

Zusammen mit zehn anderen Amerikanerinnen reiste ich zu dem zehntägigen Kongress nach Amman in Jordanien.

Bei der Andacht am ersten Tag meldete sich eine Frau namens Vivian zu Wort. „Mein Mann und meine Kinder sind von amerikanischen Soldaten getötet worden."

Jedes Wort traf meine Seele wie eine Gewehrkugel.

Ihr Mann, zwei Söhne und eine Tochter waren in ein

tödliches Kreuzfeuer geraten. Vivian war bei dem Vorfall dabei gewesen und ihre Kinder waren in ihren Armen gestorben.

Wie konnte ich ihr helfen? Wahrscheinlich hasste sie mich, weil mein Sohn in der amerikanischen Armee diente. Ich fühlte mit Vivian und konnte ihren Schmerz nachempfinden. Sie war eine Mutter, die wusste, was es heißt, Angst zu haben – genau wie ich.

In den Pausen boten wir den Kongressteilnehmerinnen Handmassagen und Gesichtspflege an. Diese körperliche Nähe gab uns die Möglichkeit, uns auf liebevolle, zarte Weise um die Frauen zu kümmern. Wir redeten, weinten und beteten mit diesen Christinnen. Ich war mit der Pflege von einem Paar Händen fertig und wartete darauf, dass die nächste Frau sich auf den Stuhl vor mir setzte.

Es war Vivian.

Ich stellte mich vor und während ich sanft ihre Hände massierte, stellte ich ihr behutsam Fragen. Sie erzählte mir von dem Verlust ihrer Familie in Bagdad, von ihrem Weg zu Jesus, und wie er es ihr ermöglicht hatte, ihre Eltern und die Familie ihres Bruders zu Jesus zu führen.

Sollte ich etwas sagen? Gott gab mir den Mut, auch meine Geschichte zu erzählen. „Mein Sohn ist Marinesoldat und hat in Fallujah und Ramadi gekämpft", sagte ich. Ich erzählte ihr, dass ich für Familien wie die ihre gebetet hatte. Dass ich gehofft hatte, sie würden den Gott der Liebe finden. Dass es mir eine Ehre sei, in ihr eine Schwester im Herrn zu haben. Und ich bat sie um Vergebung.

„Ich habe den amerikanischen Soldaten vergeben, die meine Familie getötet haben", erwiderte sie. Es berührte sie, dass so viele Menschen für ihr Land beteten. „Danke für eure Gebete", sagte sie.

Gott benutzte in dem Augenblick diese Worte der Vergebung und heilte uns. Wir beteten, umarmten einander und weinten zusammen. Wir waren Schwestern im Glauben, die Feindinnen hätten sein können, wenn nicht das Blut Jesu Christi und die Macht des Gebetes gewesen wären.

Ohne Vergebung wird das Leben beherrscht
von einem endlosen Kreislauf der Gewalt und Vergeltung.
Roberto Assagioli

Lieber Gott,
mach du mich innerlich bereit zu vergeben. Hilf mir, diejenigen zu lieben, die mir Unrecht getan haben. Hilf mir, auf diejenigen zuzugehen, die deine Freundlichkeit und Liebe so dringend brauchen. Danke, dass du mir immer wieder vergibst, wenn ich versagt habe.
Amen.

Ermutigung per E-Mail

E-Mails beherrschen unser Leben. Wir bekommen andauernd welche, von allen möglichen Absendern. Manchmal sind uns die Inhalte der Mails so peinlich, dass wir uns innerlich winden. Deshalb ist es immer schön, eine persönliche und ehrlich gemeinte Nachricht zu bekommen, besonders wenn sie ermutigende Worte enthält. Schicken Sie doch Ihrem Ehepartner ab und zu ein einfaches „Ich liebe dich", „Ich vermisse dich" oder „Ich freu mich auf heute Abend"! Lassen Sie die Menschen, die Sie lieben, wissen, dass Sie an sie denken ... Und dann arbeiten Sie einfach weiter!

Wie eine Prinzessin

Michelle Cox

„Und so lautet mein Gebot:
Liebt einander, wie ich euch geliebt habe."
Johannes 15,12

Die modisch gekleidete junge Frau ging auf das ältere Ehepaar zu, das an einem der Tische in dem Restaurant saß. „Sie wissen nicht, wer ich bin, nicht wahr?"

Jacquie Sexton lächelte freundlich. Als Frau eines Pastors hatte sie Tausende von Menschen kennengelernt. „Ich kann mir zwar nicht vorstellen, dass ich mich an eine so schöne Frau nicht erinnere", sagte sie. „Aber es tut mir leid – ich kann Sie wirklich nicht einordnen. Aber nehmen Sie doch bitte Platz und setzen Sie sich ein Weilchen zu uns."

„Eigentlich habe ich auch gar nicht damit gerechnet, dass Sie mich wiedererkennen. Ich habe nämlich ganz anders ausgesehen, als wir uns damals begegnet sind." Jetzt kamen ihr die Tränen. „Erinnern Sie sich noch daran, wie Sie vor Jahren an einem Sonntag nach dem Gottesdienst ein schmuddeliges, ungepflegtes, verlorenes kleines Mädchen mit zu sich nach Hause genommen haben? Dieses Mädchen bin ich. Sie haben mich damals als Mandy kennengelernt."

Da erinnerte sich Jacquie plötzlich ganz genau. Ihr waren das Kind und seine Mutter gleich aufgefallen, als sie zum ersten Mal in der kleinen weißen Kirche im Gottesdienst gewesen waren, in der ihr Mann Pastor war. Jahre der Hoffnungslosigkeit und schwere Zeiten hatten sich tief in die Gesichtszüge der Mutter eingeprägt. Mandys kleines Gesicht war ungewaschen gewesen, ihre Kleider schmutzig und das Haar struppig und verfilzt.

Jacquie begrüßte die beiden Gäste nach dem Gottesdienst mit der für sie typischen Herzlichkeit und Freundlichkeit. Dann sagte sie: „Meine Tochter ist ein paar Jahre älter als Ihr kleines Mädchen. Die beiden könnten doch zusammen spielen, wenn Sie erlauben, dass sie heute Nachmittag mit zu uns nach Hause kommt. Ich würde sie dann heute Abend wieder mit in die Gemeindestunde bringen."

Die Pastorenfamilie behandelte Mandy wie einen Ehrengast, bot ihr einen Platz am Esszimmertisch an und füllte ihr köstliches, selbst gekochtes Essen auf den Teller.

Nachdem die beiden Mädchen zusammen gespielt hatten, sagte Jacquie: „Hättest du Lust auf ein schönes warmes Schaumbad, Liebes?" Um es zu einem richtigen Spaß zu machen, tupfte sie ein bisschen Badeschaum auf die Nasenspitze der Kleinen und wusch ihr dann den Schmutz vom Gesicht ab. Sie wusch ihr das Haar mit einem herrlich duftenden Shampoo und entwirrte dann behutsam das verfilzte Haar mit Kamm und Bürste.

Nachdem sie dem Kind das Haar geföhnt hatte, machte sie ihr zum Schluss mit einem Lockenstab noch ein paar Locken. „Während ihr beide gespielt habt, habe ich einen Rock von meiner Tochter umgesäumt und dabei ist mir ein Kleid von ihr in die Hände gefallen, das dir genau passen könnte. Möchtest du es einmal anprobieren? Wenn das Kleid dir passt, dann kannst du es heute Abend zur Kirche anziehen und es danach behalten."

Mit ein paar kleinen Änderungen passte das Kleid perfekt. „Mandy, möchtest du dich mal anschauen? Da drüben ist ein Spiegel. Du siehst wie eine Prinzessin aus, Schätzchen."

Mandy betrachtete ihr Spiegelbild. Sie hatte das Kind, das ihr da aus dem Spiegel entgegenschaute, noch nie gesehen. „Bin ich das? Ich seh ja wirklich aus wie eine Prinzessin!"

Als Jacquie Mandy an dem Abend wieder mit in die Kirche nahm, erkannte ihre eigene Mutter sie nicht wieder.

Kurz darauf riss der Kontakt zu Mandy und ihrer Mutter ab. Doch Jacquie hatte sich oft gefragt, was wohl aus Mandy geworden sein mochte.

Jetzt schaute sie die gepflegte junge Frau, die ihr gegenübersaß, an und sagte: „Sie sind so schön geworden, Liebes. Und es sieht so aus, als ob es Ihnen gut geht."

„Deshalb habe ich Sie angesprochen", antwortete Mandy. „Ich wollte mich bei Ihnen bedanken. Nur durch Ihre Freundlichkeit und Güte bin ich die Frau geworden, die ich heute bin." Sie wischte sich eine Träne von der Wange. „Meine ganze traurige Kindheit hindurch habe ich nie vergessen, wie es sich anfühlte, als Sie damals sagten, ich sähe wie eine Prinzessin aus. Damals habe ich beschlossen, dass alles anders werden würde, wenn ich einmal groß wäre. Und egal, wie schwer ich es zu Hause auch hatte, ich habe mich immer wieder daran erinnert, dass eine Prinzessin in mir steckt."

❖

Auch wenn ich nicht verhindern kann, dass der andere Kummer hat, so kann meine Fürsorge diesen Kummer doch lindern.

Frank A. Clark

Lieber Gott,
öffne mir die Augen für die Menschen in meiner Umgebung,
die es dringend nötig haben, dein Mitgefühl zu spüren. Lass
mein Leben so voll von deiner Liebe sein, dass sie in das Leben
anderer überfließt. Schenk mir freundliche, verständnisvolle
Worte, die anderen zum Segen werden.
Amen.

Mexikanisches Essen

Ron DiCianni

„Ein vernünftiger Sohn lässt sich von seinen Eltern zurechtweisen."
Sprüche 13,1

Wenn man das erste Kind bekommt, sollte automatisch eine Gebrauchsanweisung mitgeliefert werden. Nein, keine von den üblichen, die einem sagen, was man tun soll, wenn das Baby schreit oder wie man eine Windel wechselt. Dazu gibt es ja reichlich Literatur. Ich hätte eine Anleitung gebraucht, die einem erklärt, wie man schlauer sein kann als seine eigenen Kinder – auch wenn sie noch ganz klein sind.

Besonders an einem bestimmten Tag hätte ich eine solche Anleitung gut gebrauchen können. Meine Frau und ich waren mit unseren beiden Söhnen im Alter von sieben und vier Jahren auf dem mehrstündigen Weg zu einer Party.

Wir waren noch nicht lange unterwegs, als uns die Kinder fragten, wo wir denn während unserer Rast essen würden. Wir sammelten Vorschläge und unser älterer Sohn sagte, er hätte Lust auf mexikanisches Essen.

Wenn man einem Kind mexikanisches Essen gibt, passiert etwa das Gleiche, was passiert, wenn wir unserem Hund Essensreste zu fressen geben – bestimmte Speisen haben die

Tendenz, mehr Abfallstoffe zu produzieren als andere, und das meist auch noch im unpassendsten Moment.

Wir versuchten deshalb, unseren Sohn von seinem Vorhaben abzubringen. Zuerst probierten wir es mit der bewährten Methode der Ablenkung. Wir machten andere Menüvorschläge oder priesen das eine oder andere Familienrestaurant an – aber es nützte alles nichts. Er hatte sich entschieden, dass er mexikanisches Essen wollte und damit basta.

Mein nächster Schritt bestand darin, mein Kind mit Argumenten zu überzeugen. In aller Ruhe erklärte ich ihm, dass er seine Wahl später vielleicht bereuen würde. Ich erinnerte ihn daran, dass wir noch eine lange Fahrt vor uns hätten und es noch eine ganze Weile dauern würde, bis wir wieder zu Hause wären.

Ich hätte allerdings ebenso gut mit der Kopfstütze diskutieren können. Je mehr Argumente ich vorbrachte, desto entschiedener beharrte er auf seiner Wahl. Er versicherte uns, dass alles gut gehen würde, trotz unserer Sorgen und Bedenken. Schließlich sei er ja schon sieben und wisse selbst am besten, was gut für ihn sei! Ich warnte weiter vor den Folgen, weil ich wusste, dass es besser für ihn war, jetzt nicht das scharfe mexikanische Essen zu sich zu nehmen.

Als wir dann das nächste mexikanische Restaurant anfuhren – ja, wir gaben schließlich nach –, wusste er genau, was er essen wollte. Wir bestellten es ihm. Wir aßen, er strahlte und nach dem Essen setzten wir unsere Fahrt fort. Das heißt, für etwa vierzig Minuten. Da wand er sich nämlich vor Bauchschmerzen.

Als wir die Fahrt abbrechen und nach Hause zurückfahren mussten, gestand er kleinlaut, dass ihm das scharfe mexikanische Essen zum Verhängnis geworden war. Ich explodierte in einer Tirade vom Typ: „Das hab ich dir doch gleich gesagt!" Er antwortete darauf mit Worten, die meine elterlichen Fertigkeiten ein für alle Mal verändert haben.

Er blickte auf und sagte: „Du bist doch der Vater. Wieso hast du nicht einfach Nein gesagt?"

Es war ein Schlüsseltag in meinem Leben, als ich lernte, dass in bestimmten Situationen ein Nein eine angemessene und absolut gültige Antwort meinen Kindern gegenüber ist. Als ich dann aber über die ganze Situation nachdachte, wurde mir klar, dass ich durch die Worte meines Sohnes noch mehr gelernt hatte – er hatte mir an diesem Tag etwas Wertvolles vermittelt.

Ich frage mich nämlich, wie oft Gott zu *mir* Nein sagen muss, weil er mein Bestes will. Ich weiß, dass ich mich dann oft genau wie mein Sohn verhalte. Ich bin ganz sicher, dass ich am besten weiß, was für mich und mein Leben gut ist.

Ich bin sicher, dass ich oft einen Wutanfall bekommen habe, wenn Gott Nein gesagt hat. Oft habe ich ihm auch viele unschöne Dinge vorgeworfen, die meine Unreife noch bestätigten.

Gott muss mich immer wieder daran erinnern, dass er der Vater ist und dass er das Recht und die Verantwortung hat, mir die Antworten zu geben, von denen er glaubt, dass sie für mich richtig sind.

Rückblickend bin ich froh, dass Gott zu manchen Dingen, um die ich ihn förmlich angebettelt habe, Nein gesagt hat, auch wenn ich ihn dann manchmal grausam und streng fand. Aber genauso verhält sich ein guter Vater!

Manche Menschen glauben, dass Eltern normalerweise ihren Kindern etwas beibringen. Aber in diesem Fall war das anders. Die weisen Worte meines Sohnes an jenem Tag erinnerten mich: Ich will mich dankbar auf die allwissende Weisheit meines himmlischen Vaters einlassen – auch, wenn er Nein zu mir sagt.

Das Leben der Eltern ist das Lehrbuch der Kinder.
Verfasser unbekannt

Lieber Gott,
ich bin dankbar, dass du weißt, was am besten für mich ist.
Gib mir ein Herz, das auf deine Anweisungen hört. Hilf
mir, mich auf deine Weisheit einzulassen in dem Wissen, dass
du mich liebst und einen Plan für mein Leben hast. Danke,
dass du mein himmlischer Vater bist. Ich wünsche mir, so
wie du zu sein.
Amen.

Ein Leben lang Königin

Carly W. Dixon

„Was bleibt, sind Glaube, Hoffnung und Liebe.
Die Liebe aber ist das Größte. "
1. Korinther 13,13

Mein Mann ist schon immer gut zu mir gewesen, aber vor ein paar Monaten hat er etwas gesagt, das völlig unerwartete Auswirkungen auf mein Leben hatte. Mitten in einem Gespräch zwischen uns beiden sagte er zu mir: „Alles, was ich mir für dich wünsche, ist, dass du dich immer wie eine Königin fühlst."

Es berührte mein tiefstes Inneres, als er diese Worte aussprach, denn sie standen in drastischem Kontrast zu den Worten, die ich in einer fünf Jahre andauernden Beziehung während meiner Studienzeit zu hören bekommen hatte.

Mein damaliger Freund hatte mir oft das Gefühl vermittelt, wertlos zu sein. Ich erinnere mich, dass er häufig sagte, ich könne mich doch glücklich schätzen, ihn überhaupt abbekommen zu haben. Denn sonst würde mich ja sowieso niemand wollen.

Ich weiß nicht, wie ich ihm diese grausamen Bemerkungen glauben konnte. Ich war nicht besonders unattraktiv oder unangenehm. Ich hatte viele Freunde und allem Anschein nach gab es eine Menge Leute, die mich mochten. Weil ich innerlich aber so sensibel und verletzlich war, beeinflussten die Worte, mit denen mich mein Exfreund Tag für Tag traktierte, mein Selbstbild viel stärker als die offensichtlichen Tatsachen.

Mit der Zeit veränderte sich meine Persönlichkeit, weil ich immer mehr glaubte, was er sagte. Während dieser schrecklichen Beziehung erlosch irgendwann das Licht in meinem Innern wie die Zündflamme eines Ölofens in einer dunklen, kalten Dezembernacht. Am Ende der Beziehung war ich innerlich gebrochen, hatte wenig oder gar kein Selbstwertgefühl mehr und keinerlei Vertrauen zu anderen Menschen.

Dann lernte ich meinen Mann kennen, und die bereits erloschene Flamme flackerte wieder auf.

Und jetzt konnte ich diese neuen, wertvollen Worte, die mein Mann zu mir gesagt hatte, in die Schatzkiste meiner kostbaren Erinnerungen legen. Und diese Worte machten mir noch einmal deutlich, wie viel innere Heilung ich in den vergangenen Jahren erfahren hatte.

Mir wurde einmal mehr bewusst, dass ich für ihn kostbar war und er mich liebte. Seine schlichten Worte machten mich fähig zu erkennen, dass auch mein himmlischer Vater mich liebt und wertschätzt. Was für ein wunderbares Gefühl!

Und es erinnert mich ganz neu daran, dass Ermutigung in der Ehe ein wirklich machtvolles Instrument sein kann. Worte können Selbstwertgefühl aufbauen oder es zerstören.

Wie in meinem Fall, veränderte solch ein einfacher Satz mein Leben. Die Worte veränderten mein Selbstbild und auch das Bild, das ich von meinem Mann und meinem himmlischen Vater hatte.

Durch die liebevolle Bemerkung meines Mannes fühlte ich mich wie das Mauerblümchen beim Schultanz, das plötzlich vom beliebtesten Jungen der Schule zum Tanzen aufgefordert wird.

Früher habe ich mich wertlos gefühlt, jetzt empfinde ich mich als wertgeschätzt und geliebt. Seit jener Zeit haben mein Mann und ich eine neue Gewohnheit. An unserem Kühlschrank hängt ein Zettel, der uns daran erinnert, uns gegenseitig zu ermutigen.

Meistens sind die Bemerkungen nicht besonders romantisch, sondern gehen eher in die Richtung: „Toll, dass du das Auto gewaschen hast" oder „Deine neue Frisur gefällt mir."

Ermutigung in der Ehe kann bewirken, dass der Ehemann sich wie ein echter Mann fühlt und die Frau wie eine Prinzessin ... oder eine Königin. Das weiß ich aus Erfahrung. Diese einfachen Worte, die mein Mann damals zu mir gesagt hat, haben mein Leben von Grund auf verändert.

❖

Jeder kann ein Herzspezialist sein.
Die einzige Voraussetzung dafür ist, jemanden zu lieben.
Angie Papadakis

❖

Lieber Gott,
bitte bewahre meine Beziehung. Hilf, dass meine Worte die Menschen, die ich liebe, niemals verletzen. Mach mich stattdessen zu jemandem, der andere ermutigt.
Hilf, dass meine Worte Segen weitergeben, Liebe und Mitgefühl für all diejenigen, die du in mein Leben gestellt hast. Amen.

Pünktlich in Hollywood

Ken Wales

„Alles auf der Welt hat seine Zeit."
Prediger 3,1

Angelockt durch Lana Turners Geschichte, die in einer Drogerie entdeckt wurde, zieht es jedes Jahr Tausende von jungen Leuten nach Hollywood – die Filmhauptstadt der Welt –, um dort Ruhm und ihr Glück zu suchen. Weil ich in Kalifornien unter Schauspielern und Filmemachern groß geworden bin, kannte ich Lana Turners wirkliche Geschichte.

Es tut mir leid, aber diese Drogerie-Geschichte ist nur ein Mythos. In Hollywood wird nur sehr selten jemand einfach so *entdeckt.* Es gibt unzählige Menschen, die versuchen, im Filmbusiness Fuß zu fassen, aber nur den wenigsten gelingt es. Um in der von knallhartem Konkurrenzkampf bestimmten Filmindustrie zu überleben, braucht man Glauben, den Willen, hart zu arbeiten, und viel Ausdauer.

Obwohl ich das alles wusste, träumte ich trotzdem von Hollywood.

Ich war ein PK (Pastorenkind), und wegen all dem Bösen in Hollywood versuchten meine Familie und Freunde immer wieder, mich von meiner Berufswahl abzubringen. Sie rieten mir nachdrücklich und eindringlich, lieber wie mein Vater in den christlichen Dienst zu gehen, aber ich hatte bereits entschieden, was ich mit meinem Leben anfangen wollte – ich wollte Familienfilme produzieren. Ich wusste, dass Gottes Timing immer perfekt ist, also würde ich mich gut vorbereiten und dann auf meine Chance warten.

„Mein Dienst ist der Film, nicht die Kanzel", erklärte ich den Skeptikern mit allem gebotenen Respekt. Ich bin mir allerdings nicht sicher, ob sie das überhaupt für möglich hielten.

Schließlich schaffte ich im Alter von vierzehn Jahren meinen ersten großen Durchbruch in der Filmbranche. Ich wurde Filmvorführer in dem legendären Aero-Theater an der Montana Avenue in Santa Monica. (Irgendwo muss ja jeder mal anfangen.) Während die großen Filmrollen liefen, studierte ich die Filme Szene für Szene und träumte von dem Tag, an dem ich meine eigenen Filme produzieren würde.

In Kalifornien zu leben, hatte noch weitere Vorzüge – dazu gehörten insbesondere die Strände. Ich wurde Surfer. Als Teenager bin ich mit der *echten* Gidget zusammen gesurft – der, die dann durch den gleichnamigen Film berühmt wurde. Ihr Vater war Drehbuchautor und hatte ein Buch über die Surfabenteuer seiner Tochter geschrieben, und meine Surfkünste führten schließlich zu einer kleinen Rolle als Surfer in dem Film *Where the Boys Are*.

Obwohl ich als Teenager gar nicht so verrückt auf die Schauspielerei war, nahm ich sie sofort als Chance wahr, etwas übers Filmgeschäft zu lernen. Schon bald fing ich an, für Rollen in Kino- und Fernsehfilmen vorzusprechen. Nach mehreren kleinen Filmrollen, bekam ich in meinem Abschlussjahr auf der Santa-Monica-Highschool den Glenn-Ford-Award.

Als ich den Preis damals bekam, galt Glenn Ford als einer

der größten Schauspieler in Hollywood, und er gehörte definitiv zu den berühmtesten. Sein kometenhafter Aufstieg hatte mit seiner Rolle als Filmpartner von Rita Hayworth in dem Film *Gilda* begonnen. Zu seinen Filmhits gehörten unter anderem *Die Saat der Gewalt (Blackboard Jungle)*, *Zähl bis drei und bete (3 to 10 to Yuma)* und *Das kleine Teehaus (Teahouse of the August Moon)*.

Als Empfänger der Auszeichnung hatte ich dann die Gelegenheit, Glenn Ford persönlich kennenzulernen, und er bot mir großzügigerweise an, mein Mentor zu werden. Ich habe in mehreren seiner Filme kleine Rollen gespielt.

Glenn war ein absoluter Profi. Von ihm lernte ich, was unbedingt erforderlich ist, wenn man in diesem Geschäft Erfolg haben will – immer gut vorbereitet zu sein, hart zu arbeiten und sehr früh am Set zu sein. Doch die Worte, die mich meine ganze Berufslaufbahn hindurch begleitet haben, waren folgende: „Wenn du zu früh kommst, *bist du pünktlich.* Wenn du pünktlich bist, *bist du zu spät.* Wenn du zu spät kommst, *bist du gefeuert.*"

Während meiner Zeit an der Filmhochschule der University of California habe ich Glenns FBI-Kumpel in dem Film *Der letzte Zug (Experiment in Terror)* gespielt. Dabei habe ich den berühmten Regisseur Blake Edwards kennengelernt, der mir später die Chance gab, in Hollywood Filme zu produzieren.

Im Laufe der Jahre hat sich mein Traum erfüllt: Ich habe Familienfilme wie *Inspector Clouseau – Der irre Flic mit dem heißen Blick (Revenge of the Pink Panther),* die Fernsehserie *Christie* und den Spielfilm *Amazing Grace* produziert. Glenns klugen Rat habe ich nie vergessen.

Als Glenn Ford im Alter von neunzig Jahren starb, wurde ich gebeten, an seinem Grab ein paar Worte zu sagen. Ich war schon sehr früh in der Friedhofskapelle, um meinem Freund und Mentor am offenen Sarg die letzte Ehre zu erweisen. Als ich allein dort saß und noch einmal sein Leben und seine Karriere Revue passieren ließ, dachte ich unter anderem auch darüber nach, was er mir als Freund und als Filmemacher bedeutet hatte.

Ich hörte innerlich noch immer seine Stimme, wie er die Worte sagte, die mir in meinem Leben und meiner beruflichen Laufbahn besonders genützt haben: „Wenn du zu früh kommst, *bist du pünktlich.* Wenn du pünktlich bist, *bist du zu spät.* Wenn du zu spät kommst, *bist du gefeuert.*"

Obwohl ich wusste, dass sein Geist nicht mehr da war, sagte ich zu seinen sterblichen Überresten: „Ich bin zu früh, also nehme ich mal an, dass ich pünktlich bin, lieber Freund."

Aber ich wusste, dass Glenn Ford die Worte nicht hören konnte. Ich wusste, dass er schon im Himmel angekommen war – nicht zu früh, nicht zu spät, sondern genau rechtzeitig. Gottes Timing!

Wie man seine Zeit verbringt, ist wichtiger, als wie man sein Geld ausgibt.
Fehler in Bezug auf Finanzen kann man korrigieren, aber Zeit ist ein für alle Mal vorbei.

David B. Norris

Lieber Gott,

danke, dass du immer rechtzeitig da bist, wenn wir dich brauchen. Bitte hilf mir, meine Zeit so zu nutzen, dass du stolz auf mich bist. Erinnere mich daran, dass jeder Augenblick meines Lebens ein Geschenk von dir ist.

Amen.

Auf der Schwelle des Todes

Jerilyn S. Robinson

„Ich werde nicht sterben, sondern am Leben bleiben
und erzählen, was der Herr getan hat!"
Psalm 118,17

Ich werde nie den Augenblick vergessen, als der Arzt sagte: „Sie haben noch zwanzig bis vierundzwanzig Monate zu leben." Diese Worte folgten der Diagnose von nicht operablem Bauchspeicheldrüsenkrebs. Sie veränderten unser Leben ein für alle Mal. Mein Mann Don und ich hielten uns an den liebevollen, tröstenden Worten von Psalm 91 fest:

„Wer unter dem Schirm des Höchsten sitzt
und unter dem Schatten des Allmächtigen bleibt,
der spricht zu dem Herrn:
Meine Zuversicht und meine Burg, mein Gott,
auf den ich hoffe.

(...)

Er liebt mich, darum will ich ihn erretten;
er kennt meinen Namen, darum will ich ihn schützen.
Er ruft mich an, darum will ich ihn erhören;
ich bin bei ihm in der Not,
ich will ihn herausreißen und zu Ehren bringen.
Ich will ihn sättigen mit langem Leben
und will ihm zeigen mein Heil."

Dass etwas mit mir nicht stimmte, bemerkte ich zum ersten Mal am Nachmittag des 25. Dezembers 2005. Es war ein Sonntagmorgen, und wir wollten zur Kirche, um Weihnachten zu feiern. Es war ein herrlicher Morgen. Am Nachmittag veränderte sich dann aber irgendetwas. Ich konnte es nicht erklären – es fühlte sich einfach nicht richtig an.

Am Montagmorgen zeigten körperliche Symptome ganz deutlich, dass definitiv etwas nicht stimmte. Alles hatte die falsche Farbe und meine Haut verfärbte sich immer gelblicher. Am Mittwoch war dann offensichtlich, dass ich krank war. Wir riefen unseren Hausarzt an und bekamen dort einen Termin für den 30. Dezember.

Er führte eine Ultraschalluntersuchung durch, die einen Verschluss in der Nähe meiner Bauchspeicheldrüse ergab. Daraufhin ordnete er sofort eine Computertomografie an. Das Ergebnis war jedoch immer noch nicht eindeutig.

Der Arzt überwies uns in die gastrointestinale Abteilung der Cleveland-Klinik in Ohio, wo am 3. Januar noch einmal eine Ultraschalluntersuchung durchgeführt wurde. Das Ergebnis lautete: „Höchstwahrscheinlich Krebs." Es sei aber ein chirurgischer Eingriff nötig, um eine genauere Diagnose zu bekommen. Der OP-Termin wurde auf den 9. Januar festgesetzt und kurz darauf teilte uns der Chirurg dann die düsteren Ergebnisse mit. Der Tumor hatte meine Gallengänge umschlossen und seine Ausläufer hatten die Leberarterien durchdrungen, wodurch der Tumor inoperabel war. Ohne Behandlung hätte ich noch zehn bis zwölf Monate zu leben. Sollte ich mich dafür entscheiden, mich behandeln zu lassen, ließe sich meine Lebenserwartung dadurch möglicherweise verdoppeln.

Ich bekam sechs Wochen lang Bestrahlungen und wöchentlich Chemotherapie, die auf unbestimmte Zeit fortgesetzt werden sollte.

Mein Mann und ich verbrachten viele Stunden im Gebet und baten Gott um seine heilende Kraft. Alles schien so hoffnungslos, aber die Worte aus dem Psalm „Ich bin bei dir" gaben mir Trost. Wir waren beide überwältigt von Trauer und ergaben uns dem offenbar Unvermeidlichen. Wir konnten weder schlafen noch essen.

Alle Freude und Hoffnung waren fort, und mein Mann wandte sich im Gebet an Gott und bat ihn um Trost und Geborgenheit. Er lag auf den Knien in unserem Schlafzimmer und bat Gott, diese unerträgliche Last von ihm zu nehmen. Später erzählte Don, dass er in dem Augenblick, als er sich ganz und gar Gott ausgeliefert hatte, spürte, wie die erdrückende Last der Verzweiflung von seinen Schultern abfiel. Ein unglaubliches Gefühl von Frieden und Gelassenheit kam über ihn. Das war das erste von zahlreichen gnädigen Geschenken, die der Herr uns während dieser Zeit der Prüfung machte.

Wir verbrachten viele Tage im Auto, da wir weit fahren mussten zu den Behandlungen in der Cleveland-Klinik. Alle drei Monate wurde ein neues CT erstellt – immer jeweils nach einem Zyklus von Bestrahlungen und Chemotherapie.

Das erste CT im Mai 2006 zeigte, dass sich der Tumor deutlich verkleinert hatte – und zwar so weit, dass der Onkologe sich ermutigt fühlte, noch einmal mit dem Chirurgen darüber zu beraten, ob es inzwischen nicht doch eine Option sei, den Tumor operativ zu entfernen. Der Chirurg blieb jedoch dabei, dass der Tumor inoperabel sei, und riet uns, den Rest meines Lebens zu tun, was ich mir wünschte und was ich noch zu erledigen hätte.

Die beiden nächsten CTs (im Juli und November 2006) zeigten keine eindeutigen Veränderungen – weder schrumpfte der Tumor, noch breitete er sich aus.

Im März 2007 hatte sich jedoch etwas verändert. Das CT zeigte, dass die Lymphknoten sich um ungefähr 25 Prozent vergrößert hatten. Der Onkologe berichtete, dass das Medikament für die Chemotherapie, das ich die ganze Zeit bekommen hatte, nicht mehr wirke.

Diese Nachricht bekamen wir am 25. April, wenige Wochen bevor wir von West Virginia nach Arizona umziehen wollten. Der Arzt schlug vor, eine Weile mit der Chemotherapie auszusetzen, damit mein Körper sich etwas erholen konnte. Die weitere Therapie könnten wir dann mit unserem Onkologen in Arizona besprechen.

Am 5. Mai kamen wir in Arizona an und erhielten bereits für den 10. Mai einen Termin bei dem Onkologen dort vor Ort. Er schlug eine sehr viel aggressivere Chemotherapie vor, mit der sofort begonnen werden sollte. Ich lehnte ab. Nachdem ich seit dem 11. April keine Chemo mehr bekommen hatte, ging es mir nämlich ziemlich gut. Ich fühlte mich stark und gesund, und vielleicht war es ja auch an der Zeit, dass „der Mensch beiseitetrat und Gott wirken ließ."

Der Onkologe setzte für den 25. Mai 2007 ein weiteres CT fest.

Am 30. Mai um 20.30 Uhr rief er uns dann zu Hause an und teilte uns mit, er hätte die Ergebnisse des CTs. Was er als Nächstes sagte, verblüffte und elektrisierte uns. „Die Untersuchung zeigt *keinen* Krebs, *keinen* Tumor und die Lymphknoten sind *normal* groß."

Mein Mann und ich fielen auf die Knie und dankten Gott für diese wunderbare körperliche Heilung, für die es absolut keine medizinische Erklärung gab. Bauchspeicheldrüsenkrebs geht nicht einfach weg und auch eine Remission ist dabei äußerst ungewöhnlich. Wie war das passiert? Es gab nur eine Erklärung – es war die Macht des Gebetes und die Gnade Gottes.

Gott hatte unser Schreien gehört und so darauf geantwortet, wie nur er es kann – mit liebevoller Zartheit, Gnade und Barmherzigkeit. Und er bewies mir, dass die Worte „Ich bin bei ihm" aus Psalm 91 wirklich wahr sind. Er war bei mir, und er hatte mich errettet.

❖

Wenn Gott seinen eigenen Sohn für uns hergegeben hat,
wie könnte er es dann wohl fertigbringen,
uns in den kleinen Dingen im Stich zu lassen?
Martin Luther

❖

Lieber Gott,
danke, dass du auch in den dunklen Zeiten meines Lebens bei mir bist. Danke, dass du ein Gott bist, der Gebete erhört. Danke für dein mitfühlendes Herz, das schmerzt, wenn mich etwas schmerzt. Ich bin froh, dass nichts für dich zu schwierig ist.
Amen.

Ermutigungskarte

Es ist ganz einfach! Entwerfen Sie entweder selbst eine Karte oder lassen Sie eine Grußkartenfirma für sich sprechen. Meistens findet man eine Karte, die genau das ausdrückt, was man selbst gesagt hätte, wenn man denn auf die Formulierung gekommen wäre.

Gewöhnen Sie es sich an, hin und wieder einfach eine Karte zu kaufen. Wenn Sie verheiratet sind, fangen Sie mit einer besonderen Botschaft für Ihren Ehepartner an. Unterschreiben Sie die Karte und legen Sie sie ihm oder ihr unters Kopfkissen. Oder auf den Autositz. Oder auf die Waschmaschine. Schicken Sie eine Karte an Ihre Eltern, Kollegen, Freunde, an Ihren Pastor, Lehrer oder Arzt. Wetten, dass Ihr Zahnarzt nicht besonders oft ein schriftliches Dankeschön bekommt? Setzen Sie auch ihn mit auf Ihre Liste und seien Sie sicher, dass Sie auch seinen Tag verschönern mit dieser einfachen Form der Ermutigung.

„Papa, Jesus liebt dich!"

Aaron Swavely

„Denn Gott hat die Menschen so sehr geliebt,
dass er seinen einzigen Sohn für sie hergab.
Jeder, der an ihn glaubt, wird nicht zugrunde gehen,
sondern das ewige Leben haben."

Johannes 3,16

Es war im Winter des Jahres 2000. Ich war auf dem Heimweg von einem Freund, der innerhalb nur eines Monats seine Mutter und seine Schwester verloren hatte. Ich hatte versucht, ihn zu trösten und ihm wieder Mut zu machen, aber er war untröstlich. Fassungslos fragte er sich, warum Gott so wunderbare Menschen einfach aus dem Leben nahm. Zwei Frauen, die niemandem etwas zuleide getan hatten.

Die Warum-Frage ist immer am schwersten zu beantworten.

„Vertrau einfach dem Herrn" war kein Klischee, sondern die Wahrheit, die ich ihm gern vermittelt hätte. Doch er hörte mir nicht zu.

Glücklicherweise schickte Gott einen süßen Engel, um mir zu helfen, meine Botschaft weiterzugeben. Meine Tochter Alisha, die damals fast sieben war, bastelte ihm aus Tonpapier eine Beileidskarte und dekorierte sie mit einem Glitterstift.

Am Anfang desselben Jahres hatte sie schon für ihre gesamte Sonntagsschulklasse Lesezeichen gebastelt. Sie benutzte Notizpapier und schrieb dann mit Glitterstiften darauf: „Jesus liebt dich" oder „Gott hat dich lieb". Fertig waren ihre Lesezeichen jedoch erst, wenn sie noch ein besonderes, mit der Hand ausgemaltes buntes Herzchen hinzugefügt hatte.

Stolz hatte Alisha auch mir so ein Lesezeichen überreicht.

Auf meinem stand: „Jesus liebt dich" und es war ein orangefarbenes Herz darauf.

Am Osterabend feierte Alisha ihren siebten Geburtstag.

Sechs Tage später hatte unsere ganze Familie einen verheerenden Autounfall. Mein Glaube wurde schwer erschüttert und ich geriet in die schlimmste Krise meines Lebens. Meine Frau Amy und mein Sohn Jordan waren beide schwer verletzt worden und die kleine Alisha lag im Koma. Nachdem wir fünf Tage lang um ein Wunder gebetet hatten, begegnete Alisha Jesus von Angesicht zu Angesicht.

Am schwersten zu begreifen war, wieso Gott meine Tochter zu sich genommen hatte. *Warum?* Hasste Gott mich? Hatte ich etwas getan, wofür ich das verdiente? Plötzlich konnte ich mich in die Verwirrung hineinversetzen, die auch mein Freund empfunden hatte.

Ich schloss die Augen und konnte fast akustisch die Stimme meiner kleinen Tochter hören, wie sie ihren Lieblingssatz sagte: „Papa, Jesus liebt dich."

Manchmal nehmen wir diese Worte so leicht, dass wir ihre tiefe Bedeutung gar nicht mehr erfassen. Und ehrlich gesagt, bin ich nicht sicher, ob ich selbst die Bedeutung erst in dem Augenblick erfasste, als ich die Hand meiner sterbenden Tochter hielt.

„Jesus liebt dich." Das waren die einfachen Worte eines Kindes mit einer Weisheit, die ihrem Alter weit voraus war. Alisha hatte es begriffen. Wenn man anderen sagt, dass Jesus sie liebt, kann das ihr ganzes Leben verändern.

❖

Gott hat seine Liebe am Kreuz unter Beweis gestellt. Als Jesus dort hing und blutete und starb, da sagte Gott zu der Welt: „Ich liebe dich."
Billy Graham

❖

Lieber Gott,
danke, dass du mich liebst. Es ist unbegreiflich, dass der Gott des Universums meinen Namen kennt und dass du deinen einzigen Sohn für mich hast sterben lassen. Danke für das Geschenk deiner Erlösung, für deinen Liebesbrief – die Bibel, die mir Trost und Kraft schenkt – und für deine Gegenwart in meinem Alltag. Hilf mir, deine Botschaft der Hoffnung, „Jesus liebt dich", an alle weiterzugeben.
Amen.

„Du bist eine tolle Mutter!"

Mary Gilzean

„Auf einen Freund kannst du dich immer verlassen;
wenn es dir schlecht geht, ist er für dich wie ein Bruder."
Sprüche 17,17

Dezember 1987. Mein Vater war gestorben und mein Briefkasten quoll über von Beileidskarten. Darunter war auch ein Umschlag, der mit einem roten, herzförmigen Adressaufkleber in der linken oberen Ecke verziert war. Der farbenfrohe Aufkleber erregte meine Aufmerksamkeit – wie auch Marys handgeschriebener Brief.

Sie bekundete ihr Beileid zum Tod meines Vaters, und dann schrieb sie etwas, was ich dringend brauchte: „Ich weiß, Liebes, wie schwer es ist, mit kleinen Kindern allein zu Haus zu sein. Man balanciert ein Baby auf der Hüfte, auf der anderen trägt man einen Wäschekorb und dabei jagt man dem Kleinkind hinterher, das schon laufen kann und gerade gelernt hat, Türen aufzumachen. Aber ich weiß: Du bist eine tolle Mutter, meine Liebe!"

Sie hatte recht. Als junge Mutter war ich völlig überfordert. Mein Sohn Christopher war neun Monate alt und meine Tochter Jaqueline steckte absolut und exzessiv in der Trotzphase.

Jetzt, nach dem Tod meines Vaters, fühlte ich mich noch ausgelaugter als ohnehin schon.

Leider konnte mir meine eigene Mutter da kein Trost sein, weil sie einfach nicht in der Lage war, Zuneigung zu zeigen. Worte wie „Ich hab dich lieb" gehörten nicht zu ihrem Vokabular.

Marys Brief war wie Wasser in der Wüste. Als ich ihre ermutigenden Worte las, liefen mir die Tränen über die Wangen. *Endlich versteht jemand, was ich durchmache*, dachte ich. Mary wusste Bescheid. Es war schwer, Mutter zu sein.

Keine meiner anderen Freundinnen hatte schon Kinder; also fand ich bei ihnen wenig Verständnis für meinen Frust. Alle meine Nachbarinnen waren berufstätig, sodass die Straßen in der Nachbarschaft völlig verwaist waren, wenn ich mit meinen beiden Zwergen spazieren ging. Ich fühlte mich einsam und in meiner Rolle als Mutter noch sehr, sehr unsicher.

Widersprüchliche Gefühle tobten in mir. Ich wollte eine gute Mutter sein, meine Kinder fördern, ihnen vorlesen, mit ihnen spielen, ihre verschrammten Knie heil pusten. Aber wenn ich merkte, wie sich meine Tagesplanung schon innerhalb kürzester Zeit in Wohlgefallen auflöste, war ich immer wieder überfordert damit, wie sehr die Kinder mich in Beschlag nahmen.

Völlig erschöpft und entsprechend gereizt, hatte ich ernsthafte Zweifel an meinen Fähigkeiten als Mutter.

Nachdem ich Marys Brief gelesen hatte, schrieb ich ihr sofort zurück. Ich bedankte mich für ihre freundlichen Worte und bat sie in einer Erziehungsfrage um Rat. Dieser erste Austausch war der Beginn einer Brieffreundschaft, die jahrelang hielt.

Mary und ich passten perfekt zusammen, weil wir beide so gern schrieben. Und wir halfen uns gegenseitig. Für mich wurde Mary eine Mentorin, Freundin und Ersatzmutter, und ich war für sie eine Tochter, die Rat brauchte.

Marys zwei Töchter waren beide schon erwachsen und aus dem Haus. Mary war stolz auf sie, aber sie wünschte sich auch das Gefühl, noch gebraucht zu werden. Und ich brauchte jemanden. In den Umschlägen, in denen ich ihre Briefe bekam, fand ich oft Windelcoupons, witzige Cartoons und Erinnerungen daran, was ihre Kinder getan hatten, als sie so alt waren wie meine beiden. Jede Woche erntete ich einen Reichtum an Erziehungsweisheit.

Die Worte, die mir dabei am meisten bedeuteten, waren: „Meine Liebe, du bist eine tolle Mutter."

Wie wunderbar, eine solche Ermutigung zu bekommen – und das auch noch schriftlich! Meine beiden Kleinkinder kriegten einen Wutanfall nach dem anderen, während meine Füße an verschüttetem Apfelsaft kleben blieben. Ich fragte mich, ob ich es schaffen würde. Marys Briefe gaben mir Hoffnung.

Fast zwanzig Jahre später sind mir diese Briefe immer noch kostbar. Ich habe einen ganzen Schatzkasten voll davon. Manchmal lese ich einen davon noch einmal. Ich denke daran, wie Marys Worte mich aufgebaut haben in dieser herausfordernden, anstrengenden Zeit. Sie hat mir immer wieder Mut gemacht durchzuhalten.

Auf jedem Umschlag ist ein leuchtend roter Herzsticker und alle sind randvoll mit den kostbarsten Worten, die ich jemals gelesen habe.

Freundschaft ist eine der schönsten Freuden im Leben.
Viele Menschen wären vielleicht
an der Bitterkeit einer Prüfung gescheitert,
wenn sie keinen Freund gefunden hätten.

Charles H. Spurgeon

❖

Lieber Gott,
bitte hilf mir, denjenigen ein Freund zu sein, die einen brau-
chen. Hilf mir, mich in guten Zeiten mit ihnen zu freuen
und in schweren Zeiten mit ihnen auszuhalten. Danke, dass
du mein bester Freund bist und dass du immer da bist, wenn
ich dich brauche.
Amen.

Zwischen den Zeilen der Liebe

Michelle Cox

„Siehe, Kinder sind eine Gabe des Herrn."
Psalm 127,3

Zu den kostbarsten Andenken, die ich aufbewahre, gehören die Liebesbriefe von meinem Mann aus der Zeit, bevor wir uns verlobt und dann geheiratet haben. Sie sind unendlich wertvoll für mich. Aber ich muss gestehen, dass ich einen meiner wunderbarsten Liebesbriefe von einem anderen Mann bekommen habe. Bevor Sie jetzt missbilligend nach Luft schnappen, erkläre ich Ihnen wohl besser, dass der Briefschreiber das Ebenbild meines Mannes in Miniaturformat war. Und das kam so:

Weil ich mich daran erinnerte, wie gern ich selbst als Kind Briefe bekommen hatte, fing ich an, meinen Söhnen Briefe zu schreiben, als sie noch sehr klein waren. Als ich eines Abends ins Zimmer unseres dreijährigen Jason schlich, hörte ich eine verschlafene Stimme leise fragen: „Was machst'n da, Mama?"

Ich setzte mich neben ihn auf sein Bett und antwortete: „Ich habe dir einen Brief geschrieben und ihn auf deine Kommode gelegt, damit du ihn morgen früh findest. Möchtest du, dass ich ihn dir jetzt vorlese?"

Er kuschelte sich ganz nah an mich und ich las:

„Lieber Jason,
Papa und ich haben dich ganz doll lieb.
Du bist so ein toller Junge, und wir sind dankbar,
dass Gott dich in unsere Familie geschickt hat.
In Liebe,
Mama"

Nach einer Umarmung deckte ich ihn wieder zu und ging zurück nach unten, um noch Wäsche zusammenzulegen.

Als ich wenig später mit der fertigen Wäsche wieder nach oben ging, bemerkte ich, dass im Arbeitszimmer meines Mannes noch Licht brannte. Ich wollte es gerade ausschalten, als ich die kleine Gestalt bemerkte, die auf dem Schreibtischstuhl kniete. Ich trat in den Teil des Zimmers, der im Schatten lag, um unbemerkt zu sehen, was er dort tat. Ich beobachtete, wie er ein Blatt Papier zusammenfaltete und es in einen Briefumschlag steckte. Dann legte er den Brief auf meine Kommode und huschte zurück ins Bett.

Als ich den Umschlag öffnete, fand ich ein Blatt Papier, das Zeile für Zeile gefüllt war mit einer imitierten Handschrift, wie sie Kinder benutzen, die noch nicht schreiben können. Mit Tränen in den Augen dankte ich Gott dafür, dass ich Mutter sein durfte. Und wissen Sie was? Es war ganz leicht, den Brief zu „lesen" – ich las einfach die Liebe zwischen den Zeilen.

Und ich wurde einmal mehr daran erinnert, dass solche einfachen Worte der Liebe, die wir weitergeben, manchmal als unbezahlbare Geschenke zu uns zurückkommen.

❖

Jeder, der die Liebe eines Kindes kennengelernt hat,
ist wirklich beschenkt.

Michelle Cox

❖

Lieber Gott,
danke, dass du mir dieses kostbare Kind als Leihgabe anver-
traut hast. Bitte hilf mir, diesem kleinen Wesen etwas über
Liebe, Charakterstärke und dich beizubringen. Bitte gib
mir Geduld und Weisheit bei meinen täglichen Aufgaben als
Mutter. Und wenn mein Kind in meine Fußstapfen tritt,
dann lass sie immer in deine Richtung führen.
Amen.

Die Top 10 Personen, denen Sie sagen sollten:
„Ich liebe dich."

Ehepartner	Freunde
Kinder	Feinde
Eltern	Lehrer
Geschwister	dem Nächsten
Großeltern	sich selbst

Der beste Bruder der Welt

Michelle Cox

„Seid in herzlicher Liebe miteinander verbunden,
gegenseitige Achtung soll euer Zusammenleben bestimmen."
Römer 12,10

Die fünfzehnjährige Vicky und ihr elfjähriger Bruder Michael waren wie die meisten Schwestern und Brüder: Sie trieben sich gegenseitig in den Wahnsinn. Beide wussten genau, was sie tun mussten, um den anderen auf die Palme zu bringen.

Vicky erinnert sich: „Wir stritten uns wie Hund und Katze – besonders, wenn unsere Eltern nicht zu Hause waren. Michael ging dauernd in mein Zimmer und wühlte in meinen persönlichen Sachen herum. Typisch kleiner Bruder eben."

Normalerweise ging jeder von ihnen seine eigenen Wege. Aber eines sonnigen Tages machten sie sich zusammen zu Fuß auf den Weg zum Supermarkt, der ganz in der Nähe ihres Hauses war.

Zuerst gingen sie einen unbefestigten Weg entlang, wobei Michael unterwegs dauernd gegen Steine trat und dadurch jedes Mal eine riesige Staubwolke aufwirbelte.

Er plapperte die ganze Zeit vor sich hin, und dieses Mal

hörte Vicky ihm wirklich einmal zu. Sie schaute in sein sommersprossiges Gesicht, sah das glatte Haar, das ihm in die Stirn fiel, und die leuchtenden Augen, wenn er lachte. Und da fiel es ihr wie Schuppen von den Augen. Er war *wirklich* ein toller kleiner Bruder. Wie er sich ausdrückte, sein Humor und sein offenes Wesen – das alles zeigte ihr, dass er einmal ein ganz besonderer Mann werden würde.

Sie hielt an und sagte: „Michael, ich muss dir etwas sagen. Du bist der beste Bruder der Welt, und es ist wirklich ein Geschenk, dass du *mein* kleiner Bruder bist. Ich wollte nur, dass du das weißt."

Sie umarmte ihn und dann gingen sie weiter und dachten nicht mehr an ihre Worte, während sie durch die Gänge im Supermarkt liefen.

Zwei Tage später starb Michael bei einem Unfall.

Vicky erinnerte sich immer wieder an das, was sie zu ihrem Bruder gesagt hatte. Wie dankbar war sie, dass sie die Chance genutzt hatte, ihm zu sagen: „Du bist der beste Bruder der Welt", – solange sie noch die Gelegenheit dazu hatte.

Jahre später wurde ihr klar, dass damals auf der staubigen Straße Gott einem unsicheren Teenager nahegekommen war, dem ein Verlust bevorstand, der sie bis ins Mark erschüttern sollte. Und Gott hatte einen Weg vorbereitet, wie sie das alles überstehen konnte – ohne Reue oder Schuldgefühle.

Nein, ihr war nicht klar gewesen, dass die Zeit, die sie und Michael noch zusammen haben würden, so kurz war. Dass dieser Augenblick so flüchtig sein würde. Aber in den vergangenen fünfundvierzig Jahren ist das, was Vicky damals zu ihrem Bruder gesagt hatte, ihr immer wieder ein Trost gewesen.

❖

„Warum geizen wir so mit unseren Worten,
wo sie doch die Macht haben, ein Herz zu berühren,
ein Leben zu verändern
oder jemandem den Tag zu verschönern?"
Michelle Cox

❖

Lieber Gott,
bitte hilf, dass meine Worte anderen zum Segen werden. Er-
innere mich daran, andere zu ermutigen, vielleicht einmal
„Ich bin stolz auf dich" zu sagen oder: „Es tut mir leid" zu
denen, denen ich Unrecht getan habe, und „Ich liebe dich"
zu denen, die mir nahe sind. Ich liebe dich, Herr, und ich
danke dir für deine Worte, die mein Leben angerührt und
mir Hoffnung und Trost geschenkt haben.
Amen.

Autorenverzeichnis

Suzanne Alexander lebt mit ihrer Familie abwechselnd in Maui und Wisconsin. Zurzeit macht sie ein Sabbatjahr als Ärztin und schreibt ihren ersten Roman.

Jane Ardelean ist Lehrerin im Ruhestand und bereits Großmutter. Den größten Teil ihres Berufslebens hat sie in Dayton, Tennessee, und in der amerikanischen Schule in Brasilia, Brasilien, verbracht.

Sandi Banks ist Autorin des Buches „Anchors of Hope: Finding Peace Amidst the Storms of Life". Weitere Veröffentlichungen von ihr sind unter anderem Geschichten in *Reader's Digest* und mehrere kleine Buchreihen mit ermutigenden Geschichten. Sandi hat auf sechs Kontinenten gelebt, gearbeitet und Reisen unternommen und so eine Vielfalt von Kulturen kennengelernt. Seit 1989 ist sie für „Summit Ministries" tätig, wo sie zurzeit die „Adult-Worldview"-Konferenzen leitet. Ihre Webseite: www.anchorsofhope.com

Tatyana Buksh lebt mit ihrer Familie in Asheville, North Carolina und stammt ursprünglich aus Russland.

Sharon E. Carrns setzt ihre Lebenserfahrung ein, um als Ehefrau, Mutter, Autorin und Leiterin der Kleingruppenarbeit ihrer Gemeinde in Michigan Gott Freude zu machen. Sie schreibt und unterrichtet Trainingsprogramme für kirchliche Arbeitszweige und verschiedene Firmen.

S. Truett Cathy ist Gründer und Vorstandsvorsitzender der Restaurantkette Chick-fil-A. Ihn motiviert vor allem, dass die Arbeit ihm persönliche Erfüllung verschafft und er sich außerdem der Gesellschaft, insbesondere den jungen Menschen, verpflichtet fühlt. Die WinShape Centre® Stiftung, die er 1984 gegründet hat, ist aus dem Wunsch heraus entstanden, jungen Menschen zu helfen, durch Stipendien und andere Unterstützungsprogramme erfolgreich zu sein. Seine Webseiten: www.winshape.org und chick-fil-a.com

Virginia Chatman ist Grundschullehrerin im Ruhestand.

Jim Daly arbeitet seit 1989 bei „Focus on the Family". Er hat dort als Assistent des ersten Vorsitzenden angefangen und wurde dann Vizepräsident von drei Abteilungen: der internationalen, wo er die Organisation in siebzig Ländern repräsentiert; Marketing und Öffentlichkeitsarbeit. 2003 wurde er Vizepräsident und 2004 Präsident (CEO). Im März 2005 wurde er als Präsident und Vorstandsvorsitzender Nachfolger von James Dobson. Jim ist mit Jean verheiratet und hat zwei kleine Söhne.

Mary E. DeMuth schreibt für ihr Leben gern. Sie ist Autorin zahlreicher Bücher, u. a. „Ordinary Mom, Extraordinary God", „Building the Christian Family You Never Had", „Watching the Tree Limbs", „Wishing on Dandelions" und „Authentic Parenting in a Postmodern Culture". Mary lebt mit ihrem Mann Patrick und ihren drei Kindern in Texas. Erst kürzlich sind sie aus Südfrankreich zurückgekehrt, wo sie eine Gemeinde gegründet haben.

Ron DiCianni hat an der Amerikanischen Kunstakademie in Chicago studiert und dann als Werbegrafiker angefangen. Er wurde schnell als einer der begabtesten Illustratoren des Landes anerkannt und schon bald gehörten Spitzenkonzerne zu seinen Kunden. 1989 schuf er das Gemälde „Spiritual Warfare", das eine Revolution in Gang setzte. Was mit einem Gemälde begann, führte zu einem ganzen Markt für christliche Kunst von der Lithografie über Bücher bis hin zu einem Spektrum von Kunstgegenständen. Mehr über seine Arbeit: www.Tapestry-Productions.com

Carly W. Dixon lebt zusammen mit ihrem Mann und zwei Kindern in North Carolina. Sie ist von Beruf Logopädin, aber zurzeit Vollzeitmutter. Außerdem hilft sie Frauen, die Treue Gottes in ihrem Leben zu erkennen und zu lernen, ihm treu zu dienen. Weitere Informationen: www.faithfulministries.com

Sherrie Eldridge ist Referentin und Autorin. Sie beschäftigt sich leidenschaftlich mit dem Thema Adoption und hat dazu zahlreiche Bücher verfasst. Sie ist Vorsitzende von „Jewel-AmongJewels Adoption Network". Ihre Website: www.sherrie-eldridge.com

Dr. Edna Ellison ist Humoristin und engagiert sich u. a. für christliche Mentoring-Programme. Sie hat bereits Grundsatzreferate in London, Frankfurt, Panama City und in vielen Staaten der USA gehalten, einschließlich Hawaii und Alaska. Ihre Webseite: www.ednaellison.com

Barbara Faust hat eine entzückende Tochter und einen wunderbaren Schwiegersohn. Obwohl sie den Bundesstaat Colorado als ihre Heimat betrachtet, lebt sie zurzeit in Kalifornien, um in der Nähe ihrer Enkelin zu sein.

Pat Gelsinger ist stellvertretender Vorstandsvorsitzender des Intel Konzerns. Er ist bekannt in der Technologie-Industrie und leitet derzeit den größten Geschäftszweig des Konzerns. Außerdem ist er ein gefragter christlicher Redner zum Thema Work-Life-Balance. Zu dieser Thematik hat er auch das Buch „Balancing Your Family, Faith, and Work" geschrieben. Er ist verheiratet, hat vier Kinder und arbeitet in seiner Gemeinde und verschiedenen Diensten mit.

Vicky Haynes Gerald lebt in Asheville, North Carolina, wo sie als Vertragskoordinatorin für eine Umweltlaborfirma arbeitet.

Mary Gilzean lebt in Sacramento, Kalifornien. Sie schreibt gern, gestaltet Scrapbooks und verbringt Zeit mit ihrem Mann und ihren vier Kindern. Vor Kurzem hat sie in der San Francisco Bay segeln gelernt und freut sich jetzt darauf, über ihre Seefahrtsabenteuer zu schreiben.

Sandra Glahn unterrichtet am Dallas Theological Seminary, wo sie auch Chefredakteurin der Zeitschrift „Kindred Spirit" ist. Sie ist Autorin der Reihe „Coffee Cup Bible Studies". Außerdem hat sie einige Medical-Thriller geschrieben, unter anderem „Informed Consent".

Brandon Heath hat sich in der Folkmusik-Szene von Nashville einen Namen gemacht. Er arbeitet zusammen mit bekannten Künstlern wie Bebo Norman, Matt Wertz und Dave Barnes. Heaths Debütalbum „Don't Get Comfortable" hat zwei Hits hervorgebracht, und zwar „I'm Not Who I Was" und „Our God Reigns", der für den Gospelmusikpreis „Dove" nominiert war. Seine Webseiten: www.brandonheath.net und www.reunionrecords.com

Dr. Dennis E. Hensley ist Professor für Englisch an der Taylor University Fort Wayne, wo er den Fachbereich „Professionelles Schreiben" leitet. Er ist Autor von über fünfzig Büchern, u. a. von „Man to Man: Becoming the Believer God Called You to Be".

Charles Hughes ist Professor für Kommunikationswissenschaft am Southeast Kentucky Community & Technical College in Cumberland, Kentucky. Außerdem ist er als Kinderpastor in der Lynch Church of God tätig. Er hat Materialien für Bibelschulen verfasst sowie zahlreiche Theaterstücke und Sketche. Sowohl christliche als auch säkulare Zeitschriften haben bereits Artikel von ihm veröffentlicht. Er ist verheiratet und hat zwei Söhne.

Joy Scarletta Ieron ist seit ihrem neunten Lebensjahr Organistin und Keyboarderin. Sie hat als Chefsekretärin, Personalberaterin, Klavierlehrerin und zuletzt als Agentin ihrer Tochter Julie-Allyson gearbeitet, die als Referentin bei christlichen Kongressen tätig ist.

Diane Jones hat vier Kinder und ein Enkelkind. Sie ist seit über dreißig Jahren verheiratet und lebt in Colorado. Früher hat sie als Krankenschwester gearbeitet und ist nun als Lektorin für einen Verlag tätig.

Karen Kingsbury ist wohl die bekannteste christliche Romanautorin. Sie hat über 50 Romane geschrieben und über 20 Millionen Bücher verkauft. Ihr aktueller Roman „Longing" stieg auf der New York Times Bestseller Liste auf Platz 2 ein. Karen lebt mit ihrem Mann Don und sechs Kindern, von denen drei Adoptivkinder aus Haiti sind, im Nordwesten der USA. Ihre Webseite: www.karenkingsbury.com

Ann Kroeker ist Autorin des Buches „The Contemplative Mom" und hat bei Projekten mitgearbeitet wie der DVD-Reihe „Faith Under Fire" von Lee Strobel und „Experiencing the Passion of Jesus" von Lee Strobel und Garry Poole. Ann ist Autorin, Ehefrau und Mutter von vier Kindern.

Kathi Macias ist Autorin von zahlreichen Büchern, u. a. des Bestsellers „A Moment A Day", ein Buch mit Andachten für jeden Tag. Sie ist mehrfach ausgezeichnet worden. Kathi ist außerdem eine beliebte Referentin und Bibellehrerin. Sie lebt mit ihrem Mann Al in Homeland, Kalifornien. Ihre Webseite: www.kathimacias.com

Sue Moore ist Lehrerin und Referentin. Sie schreibt außerdem Bibelarbeiten und Artikel über Glauben im Alltag. Sie lebt mit ihrem Mann in Iowa. Die beiden haben zwei erwachsene Kinder.

Pat Neville arbeitet als Immobilienmakler in Beaver, Oklahoma. Er und seine Frau Michelle haben fünf Töchter und zwei Söhne. Er bezeichnet sich selbst mit einem Augenzwinkern als jemanden, der „alles kann, aber nichts richtig".

Leon Overbay erzählt Geschichten über die Kindheit und Jugend in den Fünfziger- und Sechzigerjahren in der Gemeinde Boones Creek im ländlichen Osten von Tennessee. Tagsüber ist er Finanzchef eines christlichen Vertriebsunternehmens (STL Distributors). Geschichtenerzähler ist er immer, wenn sich die Gelegenheit ergibt. Er ist Gründungsmitglied der „Jonesborough Storytellers Guild".

Diane Reilly ist seit über vierzig Jahren mit ihrem Mann Bob verheiratet. Die beiden haben vier erwachsene Kinder und sechzehn Enkelkinder. Sie arbeiten in zahlreichen christlichen Diensten mit, nehmen sich aber hin und wieder Auszeiten von ihrem hektischen Alltag, um in Kenia an Kurzmissionseinsätzen teilzunehmen.

Jerilyn S. Robinson hat zwanzig Jahre lang als Rechtsassistentin bei der US-Luftwaffe gearbeitet. Sie lebt mit ihrem Mann in Green Valley, Arizona.

Susie Shellenberger ist Herausgeberin der Teenager-Zeitschrift BRIO und Autorin von zahlreichen Büchern. Außerdem ist sie Mitgründerin der Arbeit „Closer: Moms & Daughters – a one-day event for mothers and their teen daughters". Weitere Informationen unter: www.closermomsanddaughters.com

Lisa Smith ist eine junge Frau mit Down-Syndrom, die ihre Fähigkeiten in Gebärdensprache mit ihrer Liebe zu Gott verbindet und damit Tausende Herzen berührt. Zusammen mit Sandi Patty und anderen christlichen Musikern tritt sie bei verschiedenen Konzerten auf, z. B. bei „Trinity Broadcasting Network", „Bill Gaither Homecoming", „Women of Faith" und der „Dr. Phil Show".

Vicki Smith lebt mit ihrem Mann in Texas. Die beiden haben drei Kinder und drei Enkelkinder. Vicki arbeitet bei der Stadtverwaltung und besucht mit ihrem Mann die Denton Bible Church.

Stacie Ruth Stoelting und „Bright Light Ministry" helfen Menschen, mit tragischen Ereignissen im Leben fertig zu werden. Mit fünfzehn schrieb Stacie Ruth das Buch „Still Holding Hands", in dem sie die Liebesgeschichte ihrer Großeltern und deren Sieg über Alzheimer erzählt. Mit zwanzig sang sie für Präsident Bush. Zurzeit hält sie Vorträge, arbeitet als Schauspielerin, singt und schreibt Bücher. Ihre Webseite: www.brightlightministry.com

Aaron Swavely schreibt Andachten für die Zeitschrift „The Upper Room". Er arbeitet vollzeitig als Reiseleiter in Valley Forge, Pennsylvania. Er und seine Frau Amy sind seit achtzehn Jahren verheiratet und haben drei Kinder.

Ken Wales hat einen Abschluss der USC Cinema School und ist dort als Honorarprofessor tätig. Er hat über 50 Filme produziert, unter anderem „The Tamarind Seed", „Revenge of the Pink Panther", „Island in the Stream" und „Wild Rovers" sowie die beliebte CBS-Serie „Christy". Kürzlich produzierte er den von der Kritik hoch gelobten Film „Amazing Grace", die faszinierende Geschichte von William Wilberforce. Er ist ein gefragter Sprecher und Autor, der bekannt dafür ist, in Hollywood christliche Werte zu vertreten.

McNair Wilson verbringt sein Leben in der bildenden Kunst, im Theater – und in der Kirche. Als Themenparkdesigner hat er an fünf Disney Themenparks mitgewirkt sowie bei zahlreichen Events. Er ist einer der führenden Berater auf dem Gebiet kreativer Problemlösung und Brainstorming. Er hält weltweit Grundsatzreferate und Workshops bei Managerkongressen. McNairs neuestes Buch heißt: *Raised in Captivity: A Memoir of a Life Long Churchaholic.* Seine Webseiten: www.teawith-mcnair.typepad.com und www.mcnairwilson.com

Quellen:

Chambers, Oswald. *My Utmost for His Highest* (Mein Äußerstes für sein Höchstes). Grand Rapids, Discovery House Publishers, 1992. Abdruck mit Genehmigung. Alle Rechte vorbehalten.

„A Chip Off the ‚Andy‘ Block" ist eine modifizierte Fassung aus Pat Gelsinger: *Balancing Your Family, Faith and Work*. Colorado Springs, Life Journey, David C. Cook, 2003.

Jackson, Gordon S. *Never Scratch a Tiger with a Short Stick*. Colorado Springs, NavPress, 2003. Abdruck mit Genehmigung. Alle Rechte vorbehalten.

Kelly, Bob. *Worth Repeating: More Than 5000 Classic and Contemporary Quotes*. Grand Rapids, Kregel Publications, 2003. Abdruck mit Genehmigung. Alle Rechte vorbehalten.